あの会社のスゴい働き方

日経産業新聞＝編

JN215349

日経ビジネス人文庫

まえがき

「取材の日にパートさんが一人も出社しなかったら、この企画どうなっちゃいますかねえ……」

原稿の締め切り日が迫るなか、出張取材の日取りが決まって安堵した途端、取材班から不穏なひとことが漏れました。

取材先は第1部に登場する大阪のエビの加工会社、パプアニューギニア海産。好きな日だけ出社し、好きな時間だけ働けばいいという会社です。その自由さを伝えるのが狙いでしたが、それだけに取材日に全員休みという事態もありうるというのです。

「誰も来なかったら、それはそれで面白いですかね」

「でもその場合は写真が撮影できませんよ」

「それだと記事が成立しませんよね……」

と、まさに胃の痛む思いで取材の日を迎えました。

本書は2018年6月から11月にかけて、日経産業新聞に連載した長期企画「働き方探検隊」をまとめたものです。先進的な働き方を実践している職場を記者が探検するというコンセプト。取材は期待以上に新鮮で、発見の連続でした。

第1部に登場するシステム開発会社、ソニックガーデンは、完全なリモートワークを認めており、海外旅行をしながら働いてもいいという会社です。取材を申し込むと、取材窓口の担当者も、数カ月間の海外旅行と仕事を両立している最中で、Skype（スカイプ）による打ち合わせとなりました。

第4部「外国人材と共に」では、外国人による座談会「ココが変だよ　日本のカイシャ」を紹介しています。グローバル化やダイバーシティの重要性を謳う企業が増えるなか、外国籍の人材からみた日本の職場に対する率直な意見を語っていただきました。

働き方改革関連法がいよいよ施行となる2019年4月、日本には雇用と労働をめぐる大きな転換点を迎えます。当面の焦点となるポイントは大きく以下の3つです。

1　時間外労働への上限規制の導入
2　年次有給休暇の確実な取得
3　正規雇用労働者と非正規雇用労働者の間の不合理な待遇差の禁止

働き方改革関連法は規模にかかわらず、全ての会社が対応する必要があります。中小・零細企業の経営者は人繰りや財源づくりに頭を悩ませることになるでしょう。働く側にとっては、長時間労働が減る一方で、仕事の質向上を求められるようになります。働き方改革関連法施行を幕開けに、終身雇用や年功序列をはじめとした日本の雇用文化は大きく変わっていくことが予想されます。

大きな変化の波のなかで、個人や会社はどうすればいいのでしょうか。本書は人を大切にする〝スゴい働き方〟の実例をふんだんに紹介しました。経営マネジメント層も一般社員も、学生も社会人も、日本人も外国人も、男性も女性も――様々な立場の方にとって、明日の行動を考える発見が詰まっていると思います。

本書は大林卓、弟子丸幸子、宇賀神宰司、中島募、長縄雄輝、井上孝之、若杉朋子、大平祐嗣、龍元秀明、桜井豪、小柳優太、柴田奈々、平嶋健人が担当しました。

私たちは一生のうち、実に多くの時間を労働に費やします。働き方とは、見方を変えれば人生の時間の使い方になります。その重要な時間が実りあるものになるよう、お役に立てば、これ以上嬉しいことはありません。

日本経済新聞社「働き方探検隊」取材班

２０１９年1月

本書に登場する人物の年齢、肩書、社名等は原則、新聞掲載時のものです

目次

❺ ランクアップ

第1部

デキる会社は縛らない

「ブラック企業」が流行語大賞のトップ10に入ったのが2013年。官民挙げて働き方改革が叫ばれてきたが、皆さんの周りは本当に変わっただろうか。長時間労働の是正などは進むが、経営者と働き手の双方がもろ手をあげて喜んでいるかは疑問も残る。目指すべき姿を求め、気になる現場を記者が直撃する。「働き方探検隊」が第1部で訪ねるのは「縛らない」職場だ。

❶ ソニックガーデン／キャスター

入社式はTV会議で本社はありません

出社先は「ネット」

「早く一人前になって、顧客の依頼を形にできるプログラマーになりたいです」――。

2018年4月、システム開発のソニックガーデン（東京・世田谷）が開いた入社式。先輩たちを前に唯一の新入社員である高谷大樹さん（24）が高らかに宣言した。倉貫義人社長（44）も「厳しいけれど働くことを楽しんでほしい」とエールを送った。

よくある入社式の風景だが、同社は事情が異なる。高谷さんを見つめる倉貫社長や先輩たちの姿はテレビ会議システムの画面の中にあったのだ。

同社は全員がリモートワーカー。好きな場所で仕事ができる。東京・渋谷にあった本社は16年に閉鎖。高谷さんが「入社式」に臨んだワークプレイスは「来たい人が来る『部室』のようなもの」（倉貫社長）だ。

記者が東京・自由が丘の「部室」を訪ねると、きれいなマンションだった。打ち合わせや作業スペースとして全国に3カ所あるが、利用する社員は少ない。埼玉県に住む倉貫社長も月2、3回しか顔を出さない。「雨が降っただけでも靴が汚れるからといって誰も来ません」と笑う。

代わりに従業員が「出社」するオフィスはネットの世界にある。自社開発のバーチャルオフィスシステム「リモティ」は、チャットや掲示板などの機能を備え、どこからでもアクセスできる。

取材の調整をしてくれた入社2年目の野本司さん（24）は、記者が訪ねた日は韓国

ソニックガーデン 完全リモートワーク 実現までの9ステップ

❶ START!
ペーパーレス化

❷ クラウド化

現在は自由に使える
「ワークプレイス」が
全国3カ所にある

❸ 意思疎通を迅速・緊密に
メールからチャットへ

❹ リモートワークの開始
テレビ会議の利用

❺ 音声をつなぎっぱなしに
✕ うるさくなり
失敗して中止

❻ 自社開発バーチャル
オフィス導入

❼ 全社員に
リモートワーク推奨

❽ 本社オフィス撤廃
（2016年）

❾ オンラインファーストに
（2018年）

入社式も
オンラインで
初開催

からテレビ会議システムで取材に参加した。野本さんは、17年は一年の4分の1を旅先で過ごし、そこで仕事をこなしてきた。自宅は兵庫県にあり、物理的な通勤は一度もしたことがないという。

仕事はチームで助け合う

ソニックガーデンは企業と契約して月額で利用料をもらい、IT（情報技術）関連の相談に乗る。新サービスを始める際などのシステム開発も請け負う。

35人いる社員の半数は関東以外に住み、取引先との打ち合わせはテレビ会議、社内の雑談や相談はチャット、業務報告などは掲示板を使う。物理的に一緒でなくても「チームで仕事をしており、わからないことがあれば相談したり助け合ったりできる」（倉貫社長）。

同社はシステム開発会社の社内ベンチャーとして設立。当初は毎日会社に出勤する一般的な働き方だったが、10〜11年に転機が訪れた。当時5人いたメンバーの一人である前田直樹さん（37）が、「海外で働いてみたい」と打ち明けたのだ。

システム開発は営業などと異なり、移動が本質的な価値を生まない。前田さんはアイルランドで仕事をしたところ大きな支障は無かった。「どこでも仕事ができると確信した」と振り返る。

とはいえ、現在に至るまでには試行錯誤があった。リモートワーク化は従業員が増えるタイミングと重なった。「誰が何をしているかわからない」「社長の考えが社員に伝わらない」といった課題が浮かび、その都度、ＩＴによって乗り越えてきた。

例えば「リモティ」は働いている姿を撮影して数分おきに更新する。「仲間が働いている姿が見えるだけで安心感がある」。倉貫社長の話をスマートフォンで配信する「社長ラジオ」も始めた。

考課廃止、賞与山分け、創業以来増収を維持

労働時間はパソコンのログイン時間などで管理するが、人事考課は16～17年にかけ

ソニックガーデンの5カ条

❶ 信頼できる人を厳選し採用
❷ みんな平等に
❸ 楽しく居心地良い環境を
❹ 管理せずに考課もなし
❺ 離れていても相談にのって助け合う

てやめた。給与は一律で、賞与も利益を山分けする。1人あたりの担当企業数も偏りが出ないようにする。各自のモチベーションは生産性の向上だ。やるべき仕事が片付けば、残りは自由に時間を使える。プログラミングの勉強や、業務とは直結しない作品づくりにも時間を割ける。

ただ、採用には気を遣う。入社希望者は多いが、信頼関係を構築するまで採用しない。複数回面接をしたり、作品作りを通じてプログラミングのセンスなどを見極めたりして、採用までに半年から1年かける。

それでも自由な働き方は優秀な人材をひき付ける。新入社員の高谷さんも「将来結婚した時、家族など大切な人の近くで仕事を続けられる環境にひかれた」と話す。

創業から増収を続け、赤字になったことはない。取引先は約250社に増え、17年6月期の売上高は約3億4000万円に達した。それでも、倉貫社長は「利益だけを追い求めたり、急成長して株式公開を目指したりするより、好きなことを楽しく仲間とやったほうがいい」と心から楽しそうだった。

飲み会もリモートで

場所に縛られない働き方はIT企業を中心に確実に広がっている。秘書や採用などの支援サービスや人材派遣を行うキャスター（東京・渋谷）も出社の義務はない。中川祥太社長は「個人の生産性が最も上がるのが移動時間の削減」と言い切る。14年の創業時から完全なリモートワークを目指し、家庭の事情で仕事を辞めた人を積極的に採用。通勤不要のため「優秀な人材を集めやすい」。毎月の求人には約1000人の応募があり、多くが地方都市からだ。

同社でデータ保護責任者を務める北村麻衣子さん（29）はサイバーセキュリティー対策会社の社長という顔も持つ。従業員は約30人で、こちらもリモートワークだ。2カ月に1回程度はキャスターの社員たちと「リモート飲み会」も開く。自宅などでそれぞれが飲んでいる様子を中継し合う。終電も気にせずくつろぐのは「めちゃめちゃ楽しい」。

ソフトウエア開発のシックス・アパート（東京・千代田）も出社は不要だ。有料の共用オフィスなどを使う場合に備え、月1万5000円のテレワーク手当も支給する。

もちろん、すべての企業がこういった取り組みを導入できるわけではない。ただ、IT関連の技術革新が進み、若者を中心に仕事への意識も急速に変わっている。縛らない働き方が当たり前になる時代は、そう遠くないのかもしれない。

＊＊＊

働き方改革は社員の幸せだけを追求するものではない。働きやすい環境を整えることで労働生産性を高め、より効率的な経営を整えることにもつながる。経営者と社員が「ウィンウィン」の関係を築くには何が必要で、日本の企業には何が欠けているのか。早い時期から改革に取り組み、残業減と売り上げ増を同時に実現しているSCSKの谷原徹社長と、労働政策に詳しい日本総合研究所の山田久主席研究員に聞いた。

経営者は残業減に本気で取り組め

SCSK社長　谷原徹 氏

——SCSKは働き方改革がクローズアップされる以前の12年から残業削減に取り組んでいます。

「改革を始めた当時は、長時間残業は当たり前だった。会社での寝泊まりは頻繁で、昼休みに机の上に突っ伏して寝ることが常態化していた。長く働くことが良いという風潮があり、ＩＴ業界はブラックだと言われていた。そんな状況では健康も害するし、頭脳労働なのに頭も働かない。そこで健康経営として残業減への取り組みが始まった」

――平均残業時間は17年度までにピークの11年度から4割減りました。

「初めの1～2年は失敗の連続で、うまくいかなかった。掛け声だけではだめで、社員の心に訴えることができて初めて現場がついてきたと思う。社長になる前の当時の私は一番の〝抵抗勢力〟。『お客様が許してくれるわけない』と現場からも言われ続けていたし、役員会では私の担当部署の残業時間が長いとつるし上げをくらっていた」

「組織が変わったのは、トップの本気度が伝わっていった頃からだ。今は働き方改革の大切さを誰よりも痛感している。もはや職場にブラックな雰囲気はない。働き方改革で最も重要なのは、経営者が覚悟を示すことだと確信した」

――残業を減らす一方、営業利益は約2倍になりました。

「売り上げも利益も落ちると覚悟して始まった残業削減だったが、結果は逆だった。6期連続で増収増配を実現している。これは顧客の協力があってこそだった。顧客に手紙を書き、残業削減の取り組みに理解と協力をお願いした。当社の残業減は顧客の支払い額の減少に直結する。顧客の協力を得ることで、やり直す作業もトラブルも防げた。品質も向上した」

「業務効率化のための投資も惜しまなかった。システム開発やテレワークの導入などで（約7億円の）経費をかけたが、生産性向上のための投資と割り切った」

――浮いた残業代はどう使ったのですか。

「最初だけで年間10億円の残業代が削減できたが、全額を（賞与で）社員に還元した。改革への本気度を社員に示せたと思う。その後も20代の若手社員への業務手当や裁量労働制社員らへの固定残業代などとして還元するほか、健康増進策にも利用している」

――働き方改革のカギは何だと思われますか。

「仕組みから変えることだ。残業削減や生産性向上はその結果としてついてくる。社員の働きやすい環境をどれだけ会社がつくれるかに尽きる」

生産性改善なら賃上げをすべき

日本総合研究所
主席研究員
山田久 氏

――日本の労働生産性は国際的にみても低水準です。高水準の国と何が違うのでしょうか。

「生産性には多様な尺度があり、統計だけで日本が低水準だと決めつけることはできない。効率性や品質という点では日本は高い水準にある。ただ、日本の問題は、品質は高いが収益性が低いことだ。重要なのは付加価値を生むために生産性を向上するという視点。もうからない事業をいくら効率化しても、生産性は向上しない。日本の問題は不採算や低収益の事業を継続することだろう」

――どう改善していけば良いのでしょうか。

「日本は過当競争で適正利潤が取れていないという問題もある。低収益分野を整理し、過当競争を解消し、適正な値付けをすることが重要だ。つまり、生産性向上には収益性を高めるため事業構造の見直しが欠かせない。働き方改革による生産性向上とは、経営改革や事業改革そのものだ」

――残業の減少で企業は残業代などの人件費が削減できます。

「産業界全体の残業代は13兆～14兆円（2016年度）にのぼり、このうち働き方改革で5兆円余りが減少すると試算している。残業代が生活費になってきた人も多く、急激に減ると消費に影響する。数年かけて影響が出るとしても、今年の賃上げでのベースアップ分を相殺し、消費を低迷させるような影響が出てしまいかねない」

――企業は浮いた残業代をどう扱うべきなのでしょうか。

「従業員に還元することが非常に重要だ。賃金とは労働生産性の対価だ。効率が上がったのなら、その分賃金を上げるのが筋だ。働き方改革の本来の目的には、労働者の手取り収入を増やすことがあった。経営者は短期的にも中長期的にも、還元していくことを考えねばならない」

――残業削減を求められるなか、仕事が減らない悩みも耳にします。

「そこが重要な点だ。業務量がどんどん増えていくことに歯止めをかけなければならない。労働者自身や現場で業務量を決めることができない実態が問題になっている。特に裁量労働制などでは、労働者側が業務量をコントロールできる仕組みを入れ、経営側が悪用できないようにすることが重要だ」

――働き方改革関連法では裁量労働制の拡大が見送られました。

「法案には裁量労働制の問題を改善する規制強化策も含まれていた。始業や終業の時間を労働者が決められるようにするほか、制度を利用できるのは勤続3年以上と明確にした。悪用に歯止めをかける規制はきちんと復活させるべきだろう」

(コラム)変わる会社優位の時代、能力のある個人の力強まる

18歳のころ、日本マクドナルドの店舗で働いていたことがある。「スマイル0円」

のオーダーを受けては右往左往していた。初めて本場米国のマクドナルドを訪れた際は、無愛想な接客ぶりに驚かされた。「NEXT!」と叫ばれ、支払額を言われて終わり。スマイル0円は日本発のサービスだと後に知った。

日本生産性本部によると、日本の労働生産性は主要7カ国（G7）のなかで最低水準。時間あたりの労働生産性は46ドル（約5000円）で米国の3分の2にとどまる。統計は国内総生産（GDP）から算出されており、業種の7割を占めるのがサービス産業だ。

スマイル0円は日本の良さの象徴であるとしても、日本は海外に比べ総じてサービスの価格が安い特徴がある。サービスや能力など本来価値があるものの価格の低さは賃金とも密接に関係してきた。

なぜ今、働き方改革なのか。背景には想定以上のスピードで労働力が減少していることがある。生産年齢人口（15～64歳）はこの4年で約410万人減少した。

政治がもたつく間に産業界では人手不足の深刻度は増す一方だ。就職活動では学生が働き方を重視する姿勢が強まっている。企業の自主的な工夫が増加し、完全リモー

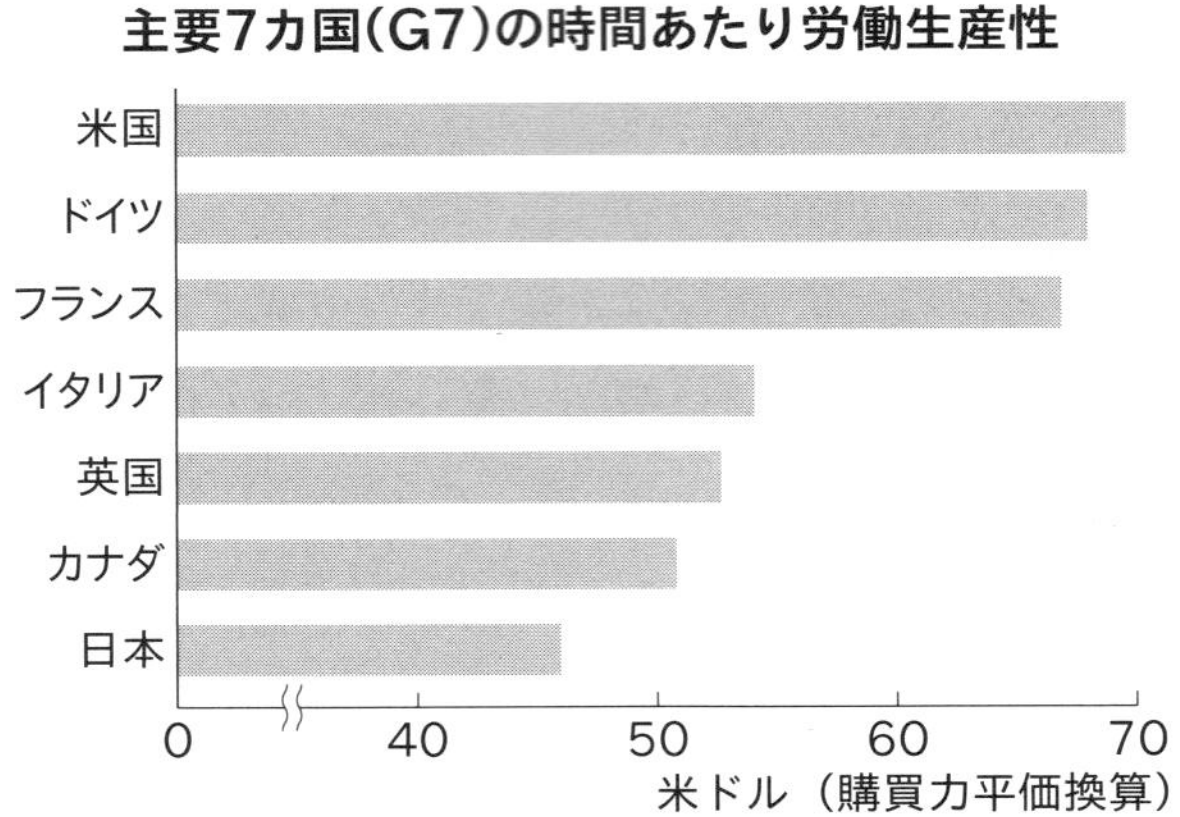

（出所） 公益財団法人 日本生産性本部「労働生産性の国際比較 2017年版」

トワークの企業すら出てきた。日本企業が不得手としてきた「割り切り」もでき、値上げや営業時間短縮も始まった。

その創意工夫ぶりは十社十色。こうした取り組みを伝えようと立ち上げたのが「働き方探検隊」だ。その取材で気付かされたのは、価値があるものの力が増しているということだ。能力のある個人の力が増している。

ソニックガーデンの倉貫義人社長は「資金を持つ会社が強い時代が終わり、スキルを持つ個人が強くなる」と話していた。

カンパニーの語源はパンをともに食べる仲間という意味のラテン語だという。個人が会社に従属する時代は終わった。本気の改革に取り組んだ会社だけが優秀な人材を勝ち取れる。

❷ユニリーバ・ジャパン

心配より信頼、社員の自由に時間も場所も任せて成果

3人の子育てをしながら在宅勤務

「WAA（ワーク・フロム・エニーウェア・アンド・エニータイム）」。日用品大手の英蘭ユニリーバの日本法人が2016年7月に導入した新しい働き方だ。言葉の通り、社員はいつでも、どこででも働ける。社員を信頼して自由にすることで生産性を

高め、企業としても成長する。国内企業や国も注目する「欧米流」の新しい職場を訪ねた。

「子どもたちの成長を毎日実感できるのが最大の楽しみです」。ユニリーバ・ジャパン（東京・目黒）でパッケージデザインの進行管理を担当する松本直人さん（34）は、専業主婦の妻とともに3人の子育て中だ。とはいえ、育児休暇を取っているわけではない。WAAを利用して多い時は週3日、東京都港区の自宅で仕事をする。

松本さんの「自宅勤務」の一日は起床後の仕事のメールチェックから始まる。その後は家族で食事をしたり、子どもと遊んだり。合間をぬって資料作りなどをこなす。集中が必要な仕事は子どもが寝付いた後だ。

5歳の長男が生まれた時はまだWAAが無かった。「今は子どもと一緒の時間が長くとれる」と笑顔だ。WAA導入前後で仕事内容に変わりはない。ただ、一日の時間の使い方を強く意識し、効率的に働く方法を考えるようになった。今ではまず家族と過ごす時間を確保してから、仕事の時間を決める。

上司の貞包裕子さんは松本さんについて、「仕事の進捗状況は毎月報告してもらっ

多様な働き方をするユニリーバ社員の一日

育児 ときどき仕事	カフェタイム は仕事タイム	午後は丸々 自己研さん （金曜日の場合）

	松本さん	箕田さん	高尾さん
6時	起床・身支度、 メールチェック		
7	家族で朝食	起床	起床
8	次男を寝かしつけ（朝寝）	朝食・身支度	朝食
9	自宅で仕事	出社（通常の働き方）	自宅で仕事
10	子どもと遊ぶ		社内で仕事（通常の働き方）
11	家族で昼食、食後の休憩		
12	自宅で資料作りや集中力が必要な仕事	昼食	昼食
13		社内で仕事（通常の働き方）	社内で仕事（通常の働き方）
14			
15		お気に入りのカフェで資料作成や気分転換	ユータイムを使って女性活躍を支援するイベント準備
16	子どもと入浴		
17	家族で夕食		
18	本の読み聞かせ、寝かしつけ	欧州と電話会議（通常の働き方）	帰宅後に自宅で21時まで仕事
19	子どもが就寝後、仕事	退社	

ている。自宅にいても連絡は取っており不安はない」と話す。そのうえで、「WAAが始まる以前と同様に成果を出してくれている」と評価する。

ユニリーバ・ジャパンは早くから働き方改革に取り組んできた。まず、05年にフレックスタイム制を採用。11年に月8日程度を上限とする在宅勤務制度を導入し、15年には上限を撤廃した。WAAは一連の改革の「仕上げ」ともいえる。

コアタイムなし

WAAには「コアタイム」はなく、午前6時から午後9時までの間で働く時間を社員が自由に決められる。働く場所も自由だ。労働時間が1日換算で7時間35分に達していれば良い。残業は月45時間以下が目安だ。

工場勤務などを除く約400人の社員が利用できるが、利用前には上司の承認が必要。仕事の内容や働く場所と時間を伝え、就業開始と終了の時間も報告する。顧客情報の管理などの業務は自宅などでは行えない。

人事評価も細かい働き方は問わない。年初に社員と上司が面談し、目標を設定。年の半ばには進捗確認の面談を実施し、年末に総合的な達成度を評価する。いつどこで働いていても、成果をあげれば評価は高くなり、給与などに反映される。効率的な働き方も奏功し、同社の17年12月期の業績は4期連続の増収増益だったという。

「なんでいつもオフィスにいるの」。アイスクリームのマーケティングを担当する入社2年目の箕田直人さん（24）は17年、上司から声をかけられた。箕田さんは就職活動中にWAAの存在を知り、同社を志望する大きな理由になったという。「自由な働き方を認めてくれるのであれば、自己成長のための時間もとれると思った」

しかし、入社後は「新入社員が外で仕事したり自由に働いたりすることにとまどっていた」。上司の言葉に背中を押され、今ではオフィスや自宅に近いお気に入りのカフェでも仕事をするようになった。消費者ニーズや販促物のアイデアを考えるのは、自由な雰囲気のカフェの方が向いていると感じている。

金曜午後は自由に使える時間

同社には、毎週金曜の午後に「UTime（ユータイム）」と呼ばれる制度がある。毎週金曜の午後は外国語を学んだりセミナーに参加したりと、社員が自らの成長につながると考えたことであれば何にでも時間を使える。ユータイムは勤務時間になるため、WAAと組み合わせればより自分らしい柔軟な働き方が可能になる。

食品の生産管理担当の高尾美江さん（29）はWAAを使って午前9時前には出社しないことにしている。自宅から東京都目黒区にある本社まで電車で約30分。「混雑する電車に乗りたくない」のが最大の理由で、ラッシュの時間帯は自宅でメールをチェックする。

高尾さんにはWAAを使う2人の部下がいる。月に一度は成果を報告してもらうが、顔を合わせない日も少なくない。しかし、「結果を出すのに休憩が必要であれば、サボっていても気にしない」。高尾さん自身はユータイムを使って女性の活躍を支援する活動にも参加。講演会やイベントの企画・運営などを担当する。自らの学びと社外

ユニリーバの5カ条

❶ 働く場所と時間は自分で決める
❷ 成果さえ出せば評価アップ
❸ 通勤は混雑を避けて
❹ 疲れたらサボりもOK
❺ 同僚とのやりとりはスマホで

の人脈づくりにつなげる。

日本企業でも「リフレッシュ休暇」など社員を休みやすくしようという制度が増えつつある。しかし、実際には上司の意向や職場の雰囲気から、なかなか取得できないケースも少なくない。

ユニリーバ・ジャパンはWAAの導入にあたって当時の社長らが全社員に自由な働き方の利点を強調し、利用を呼びかけた。その効果もあってか、社内アンケートでは回答者の9割が一度は制度を利用。「生活に良い変化があった」という回答が6割以上を占め、「導入前より生産性が上がった」も7割以上に達したという。

他の企業などからの注目度も高く、同社の外部向け説明会には約400社が参加。内閣府などの勉強会でも先進事例として紹介された。

とはいえ、同社も初めからすべてがうまくいったわけではない。制度が自由であればあるほど、社外で行う業務について細かく報告を求めるなど、逆に働き方を管理しすぎるケースもあったという。本当の自由に向け、管理職向けの研修を増やし、成功事例の共有などを進めた。

WAA導入を主導した人事総務本部長の島田由香さん（44）は、社員が自由に働くには「管理職の力量がものをいう」と話す。そのうえで、「自由な働き方は欧米では当たり前」と強調。「日本は心配の文化があるからルールが多い。社員を心配するのではなく、信頼していこうという風土を根付かせたい」と「縛らない職場」の広がりに期待を寄せる。

日本国内ではユニリーバ・ジャパンのように欧米系の外資系企業が新しい働き方を導入するケースが目立つ。カナダに本拠を置くマニュライフ生命保険は17年10月、午前11時～午後3時としてきた勤務のコアタイムを撤廃した。一日の平均勤務時間が7

時間に達していれば、勤務時間は自由だ。営業職以外の社員１６００人が対象だ。

導入にあたっては社員向けのガイドラインを作った。例えば自宅で働く場合は遊ばないようにするためにペットをケージの中に入れておく。機密書類は持ち帰らないなどだ。人事部長の前田広子さんは「働き方の自由度が増すほど社員はきちんと働く。社員自身が自分で考えて判断する力もつく」と話す。

世界最大の食品企業であるネスレの日本法人も16年に勤務する場所と時間を自由に選べる制度を取り入れた。工場やコールセンターなどで働く社員以外が対象で、平日の午前5時から午後10時までなら場所を問わずに働ける。当初は「フレキシブルワーキング制度」と呼ばれていたが、今では特別な名称で呼ぶこともなくなるほど定着している。

海外の先進的な取り組みを国内でも「当たり前」にできれば、日本の働き方も変わる。働く社員にも社内にも自由な雰囲気があふれる各社を訪ねてそう思った。

（コラム）長時間労働、割合依然高く――週49時間以上 ドイツの2倍

かつては「働きアリ」ともやゆされた日本人。働き方改革は進むが、欧州などに比べると依然として労働時間は長い。労働政策研究・研修機構のまとめでは、日本の就業者のうち週49時間以上働く労働者の割合は2016年に20・1%。これに対してフランスが10・5%、ドイツは9・3%と2倍近い差がある。

日本は労働基準法で労働時間を1日8時間、週40時間以内と定めている。しかし、同法36条に基づく「36（サブロク）協定」により、労使間で合意すれば残業が青天井で認められるため、このルールが機能していないのが現状だ。

一方、勤務間インターバル制度が浸透している欧州連合（EU）では、1日の勤務の後に最低でも11時間の休息を確保することを義務付けている。日本でも休息に焦点を当てることは重要だ。

少子高齢化の進展もあって国内の人手不足は深刻度が増す可能性が高い。子育てや介護と両立できる環境を整え、人材の流出を抑えなければ企業の存続に関わる。働き

週49時間以上働く労働者の割合（2016年）

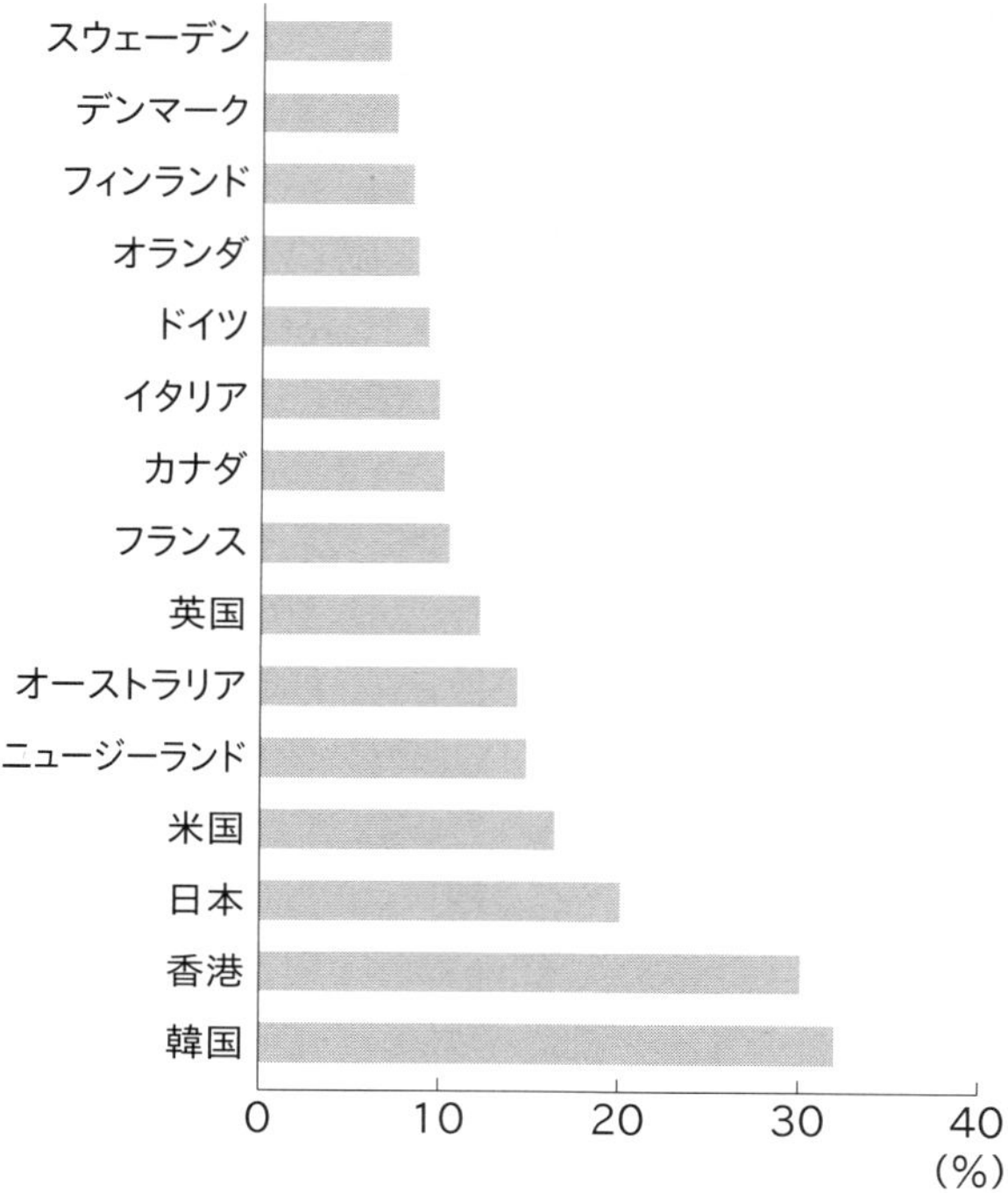

（注）　労働政策研究・研修機構「データブック国際労働比較2018」を基に作成。韓国、香港、オーストラリアは15年のデータ

方改革関連法でも長時間労働の規制などが柱となり、国内企業も働き方の見直しに本腰を入れようとしている。

ＳＯＭＰＯホールディングス傘下の損害保険ジャパン日本興亜は、生活スタイルに合わせた勤務時間を選べる制度を導入している。午前７時～午後３時といった９パターンのシフトから選択。時短勤務ではないので、子どもの迎えなどで早く退社したい社員が気兼ねなく仕事を終えられる。

ユニ・チャームは17年から午後10時以降の残業を原則禁止した。終業時刻の午後４時50分には社員全員の業務用パソコンに帰宅を促す案内を大きく表示。残業をしない風土づくりを進めている。２０１８年１～５月の１人あたりの平均残業時間は前年同期に比べて１・７時間短くなったという。

❸ パプアニューギニア海産

好きな仕事だけ好きな日に時給は並でも応募殺到

工場長「今日はパート何人来るかな」

好きな日に出社し、好きな時間だけ、好みの仕事で働く。休むときも会社への連絡は一切不要。長期休暇は何日取っても問題なし——。若者が多く働く最先端のIT（情報技術）企業ではない。大阪府茨木市のパプアニューギニア海産というエビ加工会社の話だ。

「今日は何人、来ますかねえ」。2018年5月中旬の平日の朝8時、卸売市場にある工場を訪ねると武藤北斗工場長（42）が記者につぶやいた。3人いる社員の一人で、今の働き方を考え出した責任者だ。

「過去に一度だけ誰も来ない日があって、そのときは工場を休みにしました」と武藤さん。「それでは取材にならない」と不安になりながら待っていると、8時30分に3人のパート社員が出社し、エビの解凍作業を始めた。その後は徐々に人が増え、9時30分には16人のパートのうち9人がそろった。

同社はパプアニューギニア産の天然エビを輸入し、むきエビなどに加工。スーパーや飲食店などに販売している。工場の稼働時間は朝8時30分から夕方5時までだが、どのパートがどういった時間帯に働くかについて武藤さんたちは事前には全く把握していない。

この日、工場から自転車で10分の自宅から通う中村久美恵さん（49）は普段通り8時30分に出社したが、午後1時には仕事を終えるつもりだという。「いつもは2時30

分に帰って学校から戻った2人の娘の面倒を見るが、今日はその前に美容院の予約が入ったので」

同工場の作業工程はこうだ。まず、エビを解凍して殻をむき、計測してパックに詰める。エビフライ用に衣を付ける作業もある。午後4時ごろには製造を終え、清掃をしてから工場を閉める。

中村さんは17年8月からこの工場でパートを始めた。「最初は休む時に連絡しなくていいのか不安に思った。でも、周囲も同じなので今では気兼ねなく自由な時間に働いています」。朝の家事に時間がかかったり、銀行に寄ったりといった時は遅めに出社する。

自由なのは勤務時間だけではない。本当に嫌いな作業はやらなくてもいいのだ。2カ月に1回程度、武藤工場長が全員から好きな作業と嫌いな作業を聞き取り、◯×表を作業場に掲示する。

6年以上勤めている笠井峰里さん（39）は、34項目に細分化された作業のうち8カ所に×を付けている。「計量や袋詰めはエビの大きさによって苦手な作業があるんで

パプアニューギニア海産では好きな仕事をすればいい

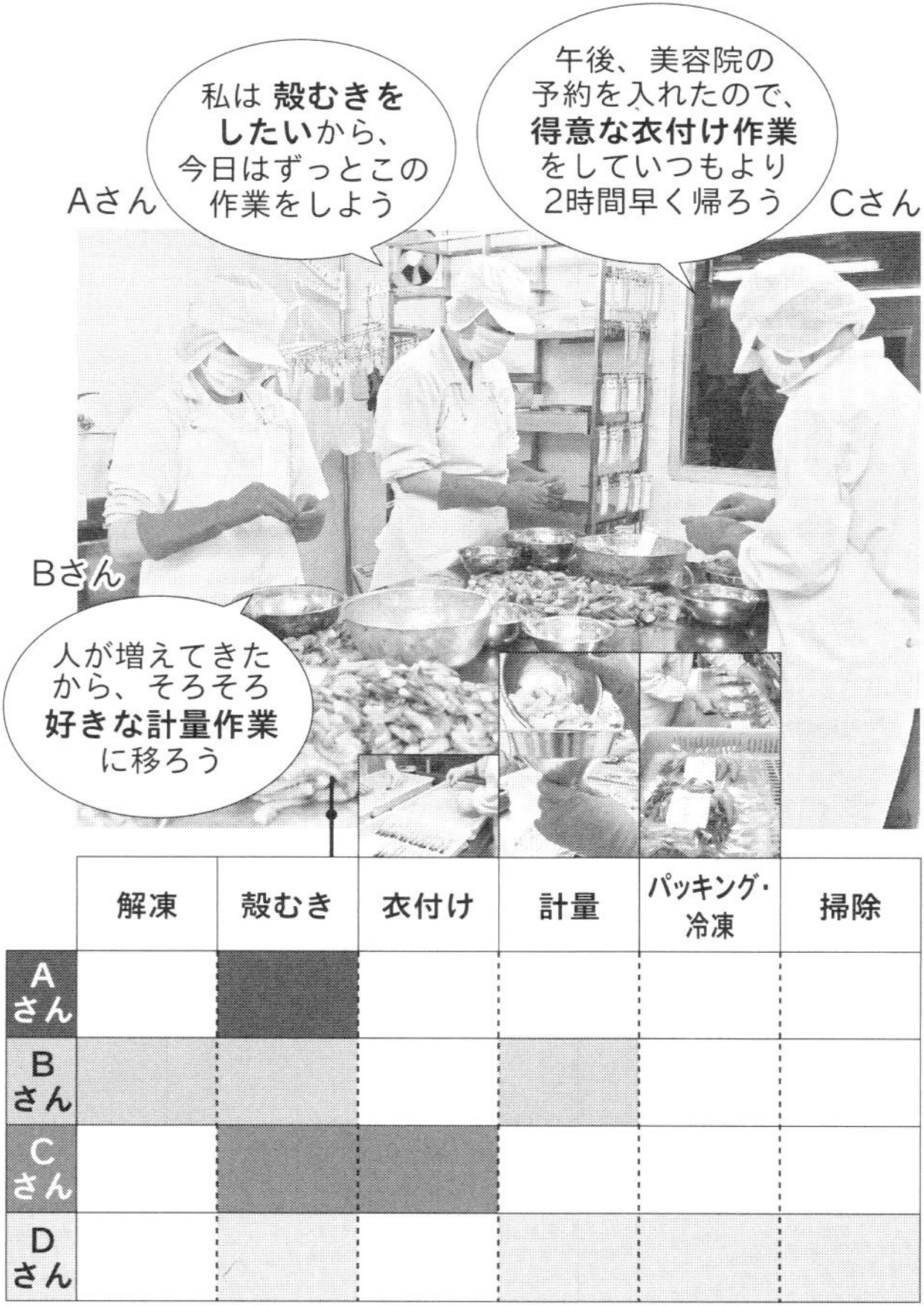

すよね」。夕方の掃除に×を付ける人も多く、嫌いな作業をする時間帯には出勤しない人もいる。

週単位では安定

勤務時間も自由で嫌いな作業はやらない。まさに働く人に優しいといえるが、話を聞けば聞くほど、「これで本当に工場は回るのか」という疑問が大きくなった。

武藤工場長にぶつけてみると、「確かに勤務時間はパート個人に任せているので、当日の出社具合によって業務の進行はばらつく」とうなずいた。ただ、「週や月単位で見れば必要な労働力は大体確保できている。作業の好き嫌いも意外と個人ごとに分散する。全員が嫌いな業務はないので問題はない」と話す。

同社が「フリースケジュール」と呼ぶ現在の仕組みを導入したのは13年のこと。もともと宮城県石巻市に工場があったが、11年の東日本大震災で被災し、移転を余儀なくされた。新天地として大阪を選んだが、パート集めに苦労し、新しい働き方を模索

パプアニューギニア海産の5カ条

❶ 好きな日に出社し、長期休暇も自由

❷ 出社も退社も時間自由

❸ 嫌いな仕事はやらせない

❹ 一人ひとりが多能工。3人いればOK

❺ パートに上下関係を作らない

してきた。

パートの多くは子育て中の主婦だ。一定の収入を得るために定期的な勤務が可能な人は多いが、子どもが熱を出すなど不測の事態も起きやすい。子育ては親の計画通りには進まない。武藤工場長はそれぞれのパートと時間をかけて話をして、そうした状況に寄り添った。

「だめなら元に戻せばいい」。そう考えて、13年にまず手を付けたのが働く曜日を固定しないことだった。ここで大きな問題が無かったため「月に14日前後」といった具合に徐々に〝縛り〟を緩めていった。

仕組みが機能するのにはいくつかの理由

がある。一つはパートを多能工化し、最低3人いれば作業ができるようにしたことだ。武藤工場長ともう一人の社員はすべての作業ができる。社員は決められた時間通りに勤務するので、パートが一人いれば工場は動かせる。

賞味期限などの制限が少ない冷凍食品を扱っていることもユニークな働き方を後押しした。3カ月分の在庫を持っており、一日単位などで細かく製造量を調整する必要性が小さい。

一方、武藤工場長が最も気を配るのはパート同士の人間関係だ。「各自が好きな働き方をするには、全員が同様の働き方をして互いに理解しないといけない」。パート間の上下関係を作らないために、作業の指示は社員だけが出すなど細かなルールを決めている。

パートの時給も経験に関係なく一律950円に設定。1000円を超えるアルバイトも珍しくないなかでは高水準とはいえない。それでも求人を出すと応募が殺到するという。自社サイトなどでの告知のみだが、口コミなどでユニークな働き方が評価されている。

離職率も下がる

離職率も低下した。ベテランが増えたことに加え、それぞれが得意な作業をすることで生産性が向上。売上高は約1億円と横ばいだが、総作業時間を削減できたため、人件費は17年までの4年間で約30％減った。

記者は終業まで工場で従業員の働きぶりを見た。働き方が自由だからといってだらだら働いているわけではない。むしろ逆だった。黙々と作業し、周囲の状況を各人が判断して、人が足りない作業に回っていた。

この工場の仕組みを他社に直ちに当てはめるのは難しいかもしれない。ジャストインタイムで日々、細かく計画生産する必要がある業種にも向かないだろう。しかし、業務を細分化するなどしてコアタイム以外の出退勤を個人裁量にしたり、嫌いな業務からできるだけ外したりなど、生産現場で参考にできる部分は多そうだと感じた。

週3日、1日2時間からOK「プチ勤務」で人材確保

——岩手のプラシーズ釜石

かつては鉄の町として栄えた岩手県釜石市。東日本大震災の被害もあって人口は減少傾向が続いている。産業振興のためにも欠かせない働き手が減るなか、子育て中の主婦などでも働きやすい職場を作ろうと官民が協調して動き始めた。

高級化粧品用のプラスチック容器などを製造するプラシーズ（東京・台東）の釜石工場。訪日客需要に沸く化粧品メーカーからの受注が増え、活況が続く同工場を支えるのが「プチ勤務」の短時間パートだ。

同社は4年ほど前、人手が足りなくなり、ハローワークなどに求人を出した。しかし、週5日・1日8時間のフルタイム勤務が前提だったこともあり、応募はほとんど

短時間パートの活用で人手不足を解消したプラシーズの釜石工場

なかった。そこに現れたのが岩手県が派遣した雇用に関する専門家だった。

岩手県は震災で被災した沿岸地域の企業を中心に専門家を派遣。経営者とともに業務を時間別、職種・作業別に細分化する作業を進めた。短時間しか働かないパートを受け入れるためのベースを作るためだ。連続して稼働するラインの作業を3時間ごとといった短時間で区切るなど業務フローを洗い直した。

そのうえで、16年11月に「週3日・1日2時間からでもOK」という短時間パートの募集に踏み切った。阿部山政彦工場長は「パートもフルタイム勤務を前提としてきたが、人手確保のために必要だった」と振り返る。

まず、6人を採用。現在は工場全体の約4分の1を占める17人まで増やした。1日3時間・週5日や6時間・週4日など勤務形態は様々だが、小中学生の子どもを持つ女性が多いという。

同工場ではすっかり定着した短時間パートだが、当初は従業員間にあつれきも生じたという。フルタイムで働くのが常識ともいえただけに、短時間勤務を快く思わない雰囲気もあった。短時間勤務のパートからは「帰りづらい」といった声があがり、辞めてしまう人もいた。

そこで阿部山氏は短時間勤務の人を対象とした工場長直属の組織を設けた。意見交換会の場を設けたり、周囲に遠慮しないで帰るよう促したりして新たな働き方を探っていった。従来の従業員に理解を求める努力もした。短時間パートを採用することで、フルタイム勤務者の作業負担が軽くなることなどを、朝礼などで繰り返し説明したという。

新しい働き方に対応するために、改めて仕事の内容の洗い出しも進めた。短時間パートがライン業務にどのように加わって、どのように抜けるか。作業工程の最適化を図った。阿部山氏は「作業を細分化した結果、ベテランのパートがより専門的な作業に集中できるようになった。無駄が減り生産性が上がった」と話す。今後も「増収を続けるためさらに短時間パートを増やす計画だ」という。

岩手県によるプチ勤務の普及活動は現在も続いている。短時間パートを導入したい企業を集めたカタログを16年から毎年、釜石市で作っている。18年には大槌町でも作成。それぞれ全戸に配布した。掲載企業は計19社に達している。

岩手県の沿岸広域振興局産業振興室の藤村真一室長は「多くの企業は人手不足のためにパートに長時間働いてもらうことに主眼を置いていたため、十分に募集できなかった」と指摘。「仕事を切り出して短時間勤務を可能にすれば人が集まるという新たな気づきが生まれた。今後は宮古市などほかの地域にも広めていきたい」としている。

（コラム）賃金制度改革は不可欠——全雇用の17％がパート

パート労働者は増加傾向にある。総務省の労働力調査によると、２０１７年のパートは９９７万人。５年間で約１００万人増えた。非正規雇用の49％、全雇用者で見ても17％を占める。

大半のパート労働者の賃金は正社員と比べると低水準だ。なかでも非正規の女性の年収は１００万円未満が44・３％を占めている。

労働政策研究・研修機構によると、フルタイムの労働者の賃金を１００とした場合のパートの給与水準は、フランスの86・６（14年）に対して日本は59・４（17年）にとどまった。

しかし、今後、パート労働力を有効活用するには働き方と同時に賃金面での改革も欠かせなくなっている。18年に成立した働き方改革関連法では、パートや派遣社員ら非正規社員と正社員との不合理な待遇差を解消する「同一労働同一賃金」が盛り込まれた。仕事が同じであれば雇用形態に関係なく賃金も同じにすることで、多様で安定

パート労働者は増加傾向にある

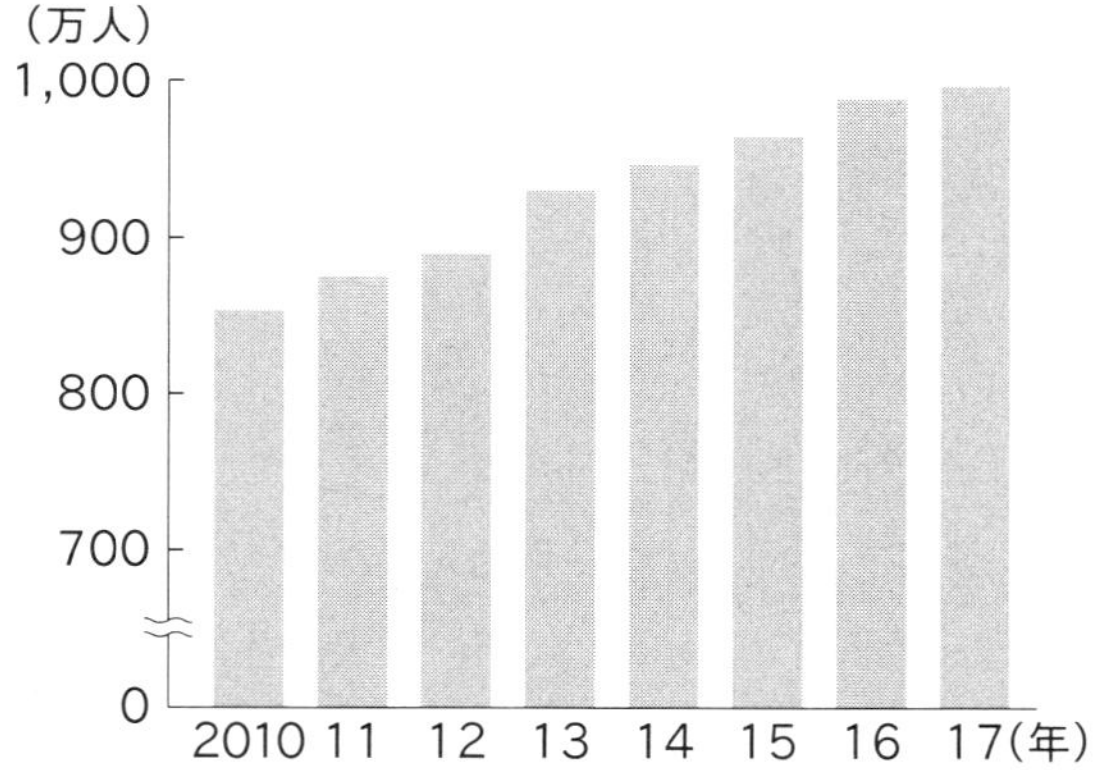

（出所）　総務省「労働力調査」

した働き方の実現を目指す。

飲食サービス業や軽作業が多い食品製造業などでは、パートの存在がなければ業務が成り立たないケースも多い。

少子高齢化が加速度的に進むなか、子育てや介護などに時間を取られる主婦らも柔軟に働ける環境づくりが、企業の成長には欠かせなくなりそうだ。

❹ Eyes, JAPAN

リラックス極限、集中生む地方の良さ追求で人材呼ぶ

ゲレンデで仕事、温泉地にオフィス

夏は静かなゲレンデで仕事、疲れたらハンモックで休息――。福島県会津若松市のシステム開発会社、Eyes, JAPAN（あいづ・ジャパン）の山寺純社長（49）が目指すのは、社員の行動を縛らずに極限までリラックスして集中できる職場をつくること

だ。職住接近な地方の暮らしやすさと、職場の働きやすさの「かけ算」で人材を集める同社を訪ねた。

冬はスキー客でにぎわうアルツ磐梯（福島県磐梯町）。救護所のある建物の2階には、窓にドット絵のイラストが描かれた一室がある。あいづ・ジャパンが2012年冬に開いた「スキーリゾートオフィス」だ。

5月中旬のリゾートオフィスは心地良い涼しさと静けさに包まれていた。部屋には机や椅子のほか、2段ベッドがあった。「集中して仕事するのにうってつけです」。総務・経理などを一手に引き受ける小熊奈緒美さん（39）は週に1回程度、ここで仕事をする。

月ごとの決算書類などをまとめる時には来客がない環境は絶好だという。「煮詰まったら周辺を散歩すると気分転換にもなる」。社員は誰でも利用でき、締め切り間際で集中したいプログラマーたちもよく顔を出す。

ゲレンデだけではない。本社がある会津若松市内の温泉地にもオフィスがある。システム開発の方向性などについて思う存分議論した後は温泉でリフレッシュ。地元の

働きやすい環境で集中力や発想力を高める

アイスを食べながら
意見交換
10 ～ 20分のハンモック
での仮眠でリフレッシュ
好みのキーボード＆
マウスで能率アップ
静かなゲレンデの
オフィスで集中MAX
無料の本格コーヒー＆
フルーツで頭すっきり

「資産」を自由な働き方に生かしている。

1995年創業の同社は、地元企業のウェブページ製作のほか、医療機関向けやセキュリティー関連のシステム開発を手がける。プログラマーやシステムエンジニアなど7人の社員を中心にメンバーは15人ほどだが、地元だけでなく全国から注文が舞い込む。

創業者の山寺社長は社員らに集中できる環境で楽しく仕事をしてもらうことが、ＩＴ

企業としての競争力につながると考えてきた。

ハンモックでひと休み

鶴ヶ城にほど近い本社オフィスに足を踏み入れると、まず目を引いたのがハンモックだ。根を詰めたプログラミング作業などで集中力が欠けてきたと感じたら、15分ほどの昼寝で頭と体をリフレッシュする。

「仮眠や休憩時のプライバシーを守るために、社内にテントをはっていたこともあった」。会津大学在学時に同社でアルバイトをしていた社員の綱藤公一郎さん（28）は振り返る。

同社は働く時間や場所を決める裁量を社員に大きく委ねている。好きな時間に休息できる職場環境の象徴がハンモックだ。一日の業務時間をオーバーした時は、次の日などに休みを取ったり、出社時間を遅らせたりするのも自由だ。

オフィスにはカットフルーツが用意されていた。地元農家から購入して社員に無料

Eyes, JAPANの5カ条

❶ ゲレンデや温泉の近くにオフィス
❷ 出退勤の時間は社員に裁量
❸ 昼寝や散歩はいつでも
❹ キーボードやマウスにこだわり
❺ 意見交換にはバイトも参加

で提供する「フリービタミン」だ。山寺社長がスウェーデン出張中に思いついた。朝食を食べてこない若い社員の脳の活性化を促す。山寺社長のイラストをはったサンドバッグで社員がストレスを解消するといった遊び心も欠かさない。

社員の声も生かす。「このマウスを使えば能率が4割は上がります」。今は故郷の新潟県でリモートワークする真水健介さん（37）の提案で、キーボードやマウスはどれだけ高価でも社員の使いたいものを提供する。

「プログラマーにとってキーボードやマウスは侍の刀のようなもの」と山寺社長。社員によって選ぶキーボードは多種多様だ。十数個ものボタンがついた1万～2万円もするマウスを華麗に使いこなす社員も多い。

過去には連日の泊まり込み勤務も

同社の18年3月期の売上高は約9000万円。5年前に比べると3割増えた。「残業時間や社員数はほぼ変わっていない。働きやすさが生産性の向上につながっている」と山寺社長は確信している。

こういう同社も当初から今の働きやすさを実現してきたわけではない。「顧客からの依頼に応えるため、過去には泊まり込みで仕事をしていたこともあった」

しかし、多くのIT人材を輩出する地元の会津大学でさえ、卒業生の多くは知名度の高い東京など大都市の企業を目指すという現状があった。IT業界の厳しい競争を勝ち抜くためには優秀な人材が不可欠なだけに、地方の良さと働きやすさをアピールすることが必要と考えた。

「家に帰ってもまだ明るい。趣味でも地元貢献でも好きなことができる」。18年5月にあいづ・ジャパンに入社した藤沼淳一さん（30）は、早くも会津若松での暮らしを満喫している様子だ。東京の外資系企業で働いていた頃は通勤に2時間近くかかっていた。今は自転車で通える職住近接。年収こそ2割ほど減ったが、オフには地元振興イベントに参加するなど社会とのつながりを実感しているという。

少子高齢化で地方の人口は減少が続くが、暮らしやすさを求めて地方で働きたいと考える若者らも少なくない。大都市に比べてゆったりとした時間が流れる中で縛られることなく、公私ともに充実した時間を送りたい。こういった気持ちに応える企業が増えれば、「地方再生」にもつながるのではと感じながら会津を後にした。

（コラム）地方移住、働き盛りが関心

地方暮らしに関心を持つ働き盛りの人たちが増えている。都市部に住む人の地方移

地方移住への関心は高まる

ふるさと回帰支援センターへの問い合わせなどの推移

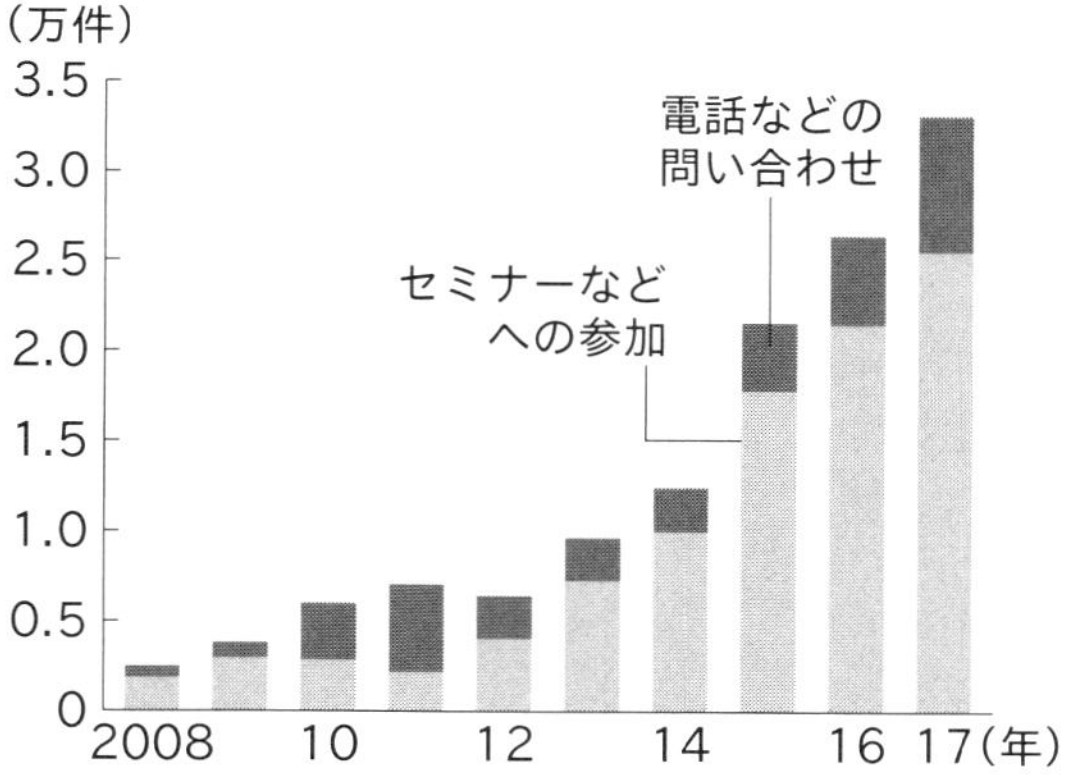

(注)　ふるさと回帰支援センターの調査を基に作成

住を支援するNPO法人ふるさと回帰支援センターによると、同センターが首都圏で開く移住に関するセミナーなどへの2017年の参加は約2万5千件と、08年に比べて14倍になった。電話などでの問い合わせも増加傾向が続く。

セミナー参加者などの年齢層を見ると、17年は29歳以下が21・4%、30代が28・9%。40代までが72・2%を占める。08年は定年後の移住などを意識する50代以上が

69・6%だった。

働く場所を選ばないリモートワークをさらに拡充し、地方でも仕事ができることをうたう企業も増えている。人口減に悩む地方自治体も注目しており、群馬県みなかみ町は使われなくなった幼稚園をワークスペースに改装。緑に囲まれた環境で働きたい都市部の働き手などの呼び込みに活用している。

5

ランクアップ

「ノー残業」へ仕事棚卸し 社員大半5時すぎ退社

作業を「見える化」　外部発注で時短

社員の大半は午後5時すぎには退社する。1人あたりの残業時間は月平均で数時間。それでも会社は創業から12年増収を続け、2017年の売り上げは100億円を突破した。化粧品会社のランクアップ（東京・中央）は働き方改革の「優等生」だ。

自ら「ブラック企業出身」と話す創業者の岩崎裕美子社長（50）を直撃した。

記者が銀座にあるランクアップの本社オフィスを訪ねたのは午後4時前。女性を中心に50人近くの社員が働いていたが、時計の針が5時を回るころになると次々と帰り支度が始まった。2歳と5歳の娘がいる古塩絢可さん（38）は「子どもを保育園に迎えに行ってから夕食を作ります」と笑顔だ。

同社の終業時間は午後5時30分だが、自分の仕事が終わった人から早く帰るように促している。記者がオフィスにとどまっていると、5時20分ごろにはほとんどの社員がいなくなった。

ほぼ半数の社員は月の残業時間がゼロだという。製品開発や宣伝、営業など職種は多岐にわたるが、全社員が定時退社を意識して仕事をしているという。

ワーキングマザーが多いだけに子育て支援も手厚い。子どもが小学校に入るまでは時短勤務を認める。子どもが急に病気になった時には1回３００円でベビーシッターを頼めるように補助を出す。古塩さんも「育児の相談もできるし、早く帰ることの後ろめたさもない」と話す。

ランクアップは社員の働き方をとことん重視する

就業中

育休取得率
100%

オフィスは
フリーアドレス制
16:00

300円でベビーシッター
（子どもが病気時）

定時（午後5時半）前退社を推奨

アフターファイブ・余暇

美術館・博物館代を補助
（月2000円）

月の平均残業は数時間
17:15

スポーツクラブ代を補助
（月1万円）

「残業なし」はお母さんたちだけに優しいのではない。14年に新卒で入社した井上真美さん（27）は定時退社でできた時間を、英語や化粧品検定などの勉強に充てている。「視野が広がり、成長している実感がある」

中心顧客が女性なだけに「社員を含めて女性に優しい」とうたう化粧品会社は少なくない。その中にあってランクアップは安定した成長力を兼ね備えている。

創業来続く増収

同社は「マナラ」ブランドのクレンジングやローションといった化粧品を通信販売などで販売している。製造拠点は持たない。05年の創業から増収を続けており、17年9月期の売上高は約103億円に達した。岩崎社長は「女性社員らが余裕を持って働き、顧客目線を持ち続けているから自由な発想の化粧品が作れる」と強調する。

例えば14年発売のヒット商品「BBリキッドバー」。バータイプのファンデーションで、時間のない朝でも肌に押しつけて塗るだけで1分程度で仕上がるというアイデア商品だ。子育て中の社員が1年間の育児休暇後に開発した。

岩崎社長は「働くママの気持ちがわからなければ思いつかなかったアイデア」と強調する。商品開発担当の向井亜矢子さん(44)も「ママ友とご飯に行って話す内容や普段の家事が商品開発のヒントになることが多い」と話す。

成長すれば社員も忙しくなるはずだが、どうやって解決してきたのか。記者の疑問に一つの答えを見せてくれた。年2回ほど作っているという「業務棚卸し表」だ。社員一人ひとりの仕事内容をすべて書き出し、それぞれの作業にかかる時間や頻度を見える化する。

会議は30分以内で

日常の業務を「自分がすべきもの」と「不要なもの」に分類し、単純な事務作業などはアルバイトや外部に委託する。棚卸し表は社員間で共有し、手間や時間がかかる業務を減らす方法を検討。仕事をシェアしたり、システム化を検討したりする。仕事量に労働時間を合わせるのではなく、残業をしないですむ範囲の労働時間に仕事量を合わせるという逆転の発想といえる。

仕事量を減らすための社内ルールも徹底している。時間をかければきりがないので「社内向けの資料は作り込まない」。終わりの時間を決めてスピード感を持つため「会議は30分以内」で、書く側と読む側の手間を省くために「メールの『お疲れさま』は禁止」だ。

ランクアップの5カ条

❶ 定時退社を徹底
❷ 仕事が終われば定時前でも帰る
❸ 社内資料は作り込まない
❹ メールで「お疲れさま」は禁止
❺ 会議は30分以内で

好業績は給与面以外でも社員に還元する。同社では社員が「改善提案書」を出すことができる。「目が疲れないブルーライトカット眼鏡の購入を補助してほしい」「仕事で使う手帳を買ってほしい」など多い時には年間５００件を超える要望が出る。その中からこれまでに、月１万円のスポーツクラブの利用料補助や同２千円の美術館・博物館入館料補助や書籍代補助などが生まれた。

昨年入社の徳永光佑さん（26）は「遅くまで働いて収入が大きい仕事に憧れた時期もあったが、今はこの余裕ある働き方が幸せだと感じる」と話す。徳永さんは母子家庭に育ち、母親は遅くまで仕事をしていた。それだけに、就職活動で訪れたランクアップのオフィスの様子に衝撃を受けた。「小さい子どもを育てながら働く姿が幸せそうに見えた」。最近では定時前に仕事を終えることに達成感を覚えている。

岩崎社長は起業前に広告関連の会社に勤めていた。そこは深夜残業や休日出勤は当たり前。「働けば働くだけ売り上げが上がると思っていた」。しかし、ハードな職場環境から周囲の社員は次々に辞めていった。気がつけば自分の肌も身体もボロボロになっていた。

「このままでは結婚も出産もできない。社員が辞めない理想的な会社を作ろう」。そう思い立って立ち上げたのがランクアップだ。とはいえ、理想の実現は簡単ではなかった。岩崎社長のトップダウンで売り上げを伸ばしたが、数年前までは「朝礼は暗く、社員のやる気も乏しかった」。

残業を極力減らすという働き方は創業当時から続けていたが、社内アンケートでは「仕事に行くのが楽しみ」という社員は一人もいなかったという。「定時退社の徹底だけでは社員は幸せにならない」。岩崎社長は会社全体をトップダウンからボトムアッ

仕事内容を見える化して残業をなくす（業務棚卸しの例）

業務内容	主な対応	業務に必要な月の延べ時間の変化
会議資料の作成	数値入力をシステム化	24時間→4時間
経理作業	経理入力などを専門会社に委託	16時間→ゼロ
メールマガジンの配信	自動配信システムを導入	60時間→10時間
広告プランの企画	「社員がやるべき業務」として継続	12時間→そのまま

（出所）　取材をもとに作成

プ型に変えようと考えた。

社員からの提案を積極的に取り入れて製品化も検討。社員の成果をしっかりと反映できるように人事評価制度も変えた。改善提案書を出した人には内容を問わずに500円を支給する制度も導入した。

岩崎社長は「余裕のある働き方がやる気を引き出す仕組みづくりにもつながった」と振り返る。18年春からは10人ほどの社員を集めた新規事業の検討会も始めた。

働き方改革は働く時間や場所、収入だけが問題なのではない。働く人を縛らないと同時に、そこで生まれた体や心の余裕を、前向きなやる気を引き出すのにつなげることも不可欠だ。5時半を過ぎて、自分以外にほぼ人がいなくなった成長企業のオフィスで思った。

（コラム）働きやすさは企業成長の要――女性正社員、3年連続増加

総務省の労働力調査によると、日本の女性の正社員（正職員を含む）は2017年平均で1114万人と前年より30万人以上増えた。3年連続の増加だ。

一方、国立社会保障・人口問題研究所は日本の労働力の中核である生産年齢人口（15～64歳）全体は前年より70万人減ったと推計する。今後の成長には働き手としての女性の存在が欠かせない。

女性就業者の約4割を占める正社員が増えている背景には、人手不足による採用の拡大に加えて、非正規社員の待遇を改善するなかで正社員化が進んでいることがある。男女に関係なく働きやすい環境を整えようという機運の広がりも大きい。

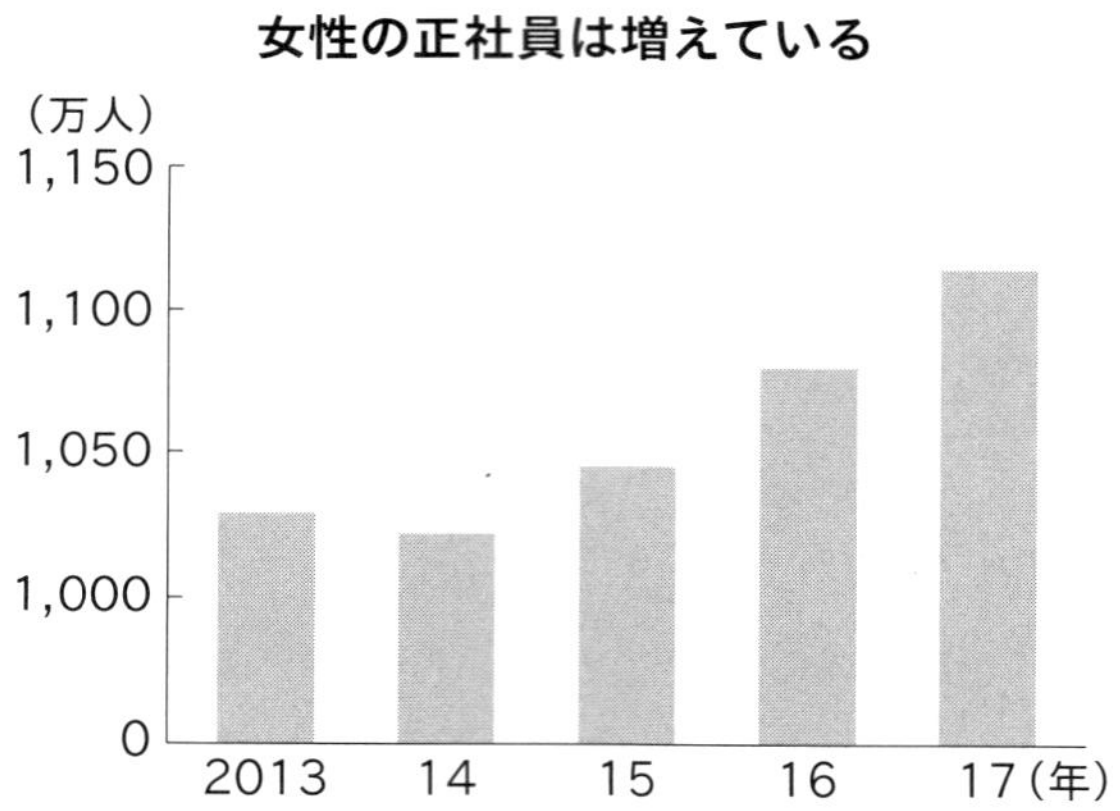

（出所）　総務省「労働力調査」。正職員を含む。年平均

日本はまだ労働力としての女性に「注目する」という段階だが、グローバル企業は先を行く。多様な価値観が企業の競争力を生むと捉えている。

コンサルティング大手のアクセンチュアは25年までに世界の全社員の男女比を50対50とする目標を掲げる。日本法人も例外ではない。日本マイクロソフトも男女ともに働きやすいよう週5日のテレワークを全社員に認め、男性も育児休暇を有給で6週間とれるようにしている。

第2部

休む

皆さんの会社は休みやすいですか？　日本は有休消化率が世界で最も低いともいわれる「休み下手」。それでも、先進的な働き方を取り入れている企業は「休む」ことにも熱心だ。体と脳、気持ちの十分な休息こそ、仕事の質を高めて生産性を向上させると考えるからだ。第2部では、休む人たちを訪ねた。

❶ ヤフー

長期休暇「サバティカル」浸透
私をアップデート

異国経験で気持ち前向きに

「もうすぐ社会人になって20年。キャリアを見つめ直す機会にしたい」――。ヤフーで経理の仕事をする柴田絵里さん（40）は2018年2月、常夏のガラパゴス諸島に飛び立った。「サバティカル制度」で3カ月間の休暇を取得。学生時代から興味のあった環境保護のボランティアに参加した。

英国やドイツ、チリなどから集まった世界各国のボランティア約20人と共同宿舎で生活。現地固有の鳥「ダーウィンフィンチ」を守るため、天敵のネズミを追ってジャングルの崖を登ったり、30度を超す猛暑のなかでビーチを清掃したりと駆け回った。

「私も6カ月間のサバティカルなのよ」。同い年の英国人と話が弾んだ。サバティカルは「安息日」に由来する長期休暇。欧州などでは大学や研究機関のほか一般企業でも浸透しており、留学やボランティアなど普段はできない活動に使う人が多い。

5年で100人活用

日本でも大学の教員を中心に90年代から広がり始めたが、企業の取り組みはまだまだ。経済産業省の有識者研究会が18年3月に改めて導入を呼びかけたほどだ。その中にあってヤフーは13年にいち早く制度として導入。これまでに100人以上が取得し

ヤフーはサバティカルの取得人数が100人を突破した

柴田絵里さん
（40）

環境保護
ボランティア

休暇：**2018**年**2**～**4**月

ガラパゴス諸島でビーチ清掃などに奔走

仕事への効果

社会人20年目を前に
長期のキャリアを考える機会に

浜辺真紀子さん
(53)

日印の文化交流
イベント

休暇：**2017**年**10**～**11**月

夫の赴任先のインドに滞在し、音楽家招く

仕事への効果

異動後の環境変化に向き合うきっかけに

近藤宏幸さん
（36）

同窓会で
旧交を温める

休暇：**2018**年**1**～**3**月

このほか、技術書を読み独自ソフトを開発

仕事への効果

管理職として技術面をアップデートできた

た。

ヤフーのサバティカル制度は勤続10年以上の社員が1回利用できる。現在は全体の3割にあたる約1700人が対象だ。期間は2〜3カ月。欧州では半年や1年というケースも珍しくないが、「ネットの世界は変化が激しく、2〜3カ月が妥当と判断した」(同社)。

休暇中も1カ月分の給与を支給するほか、有給休暇が余っていればそれを充てることもできる。休む人の仕事は同じ職場の社員で分担し、復帰後は元の職場に戻る。過ごし方は留学や旅行など海外派と、家族と過ごす時間にしたり副業を始めたりといった国内派がほぼ半々だという。

「休暇前は日々の仕事に集中するだけだった」と話す柴田さん。サバティカルを経て「10年後や定年を迎える20年後に何をしているかを考えるようになった」と話す。

社内外への情報発信を担当する浜辺真紀子さん(53)も17年10〜11月にサバティカルを取得。別の会社で働く夫の赴任先のインドで過ごした。現地では日印の文化交流イベントを運営。2組の音楽家を呼び、会場の手配やパンフレットの作成、当日の段取りなどを担ったという。

当初は慣れないインドでのイベント運営に不安な気持ちがあった。日本と異なり相手に口酸っぱく伝えないと物事が進まない。それでも「これまでの知識や経験を生かして何とか運営することができた」。

浜辺さんは17年に今の仕事に異動した。環境変化に悩んだ時期もあったが、自分が培ってきたスキルを他の分野で応用することができたというインドでの経験が、改めて気持ちを前向きにしてくれたと振り返る。

音楽やゲームを堪能

同社では役職者が休む場合は原則として直属の上司が仕事を兼務することになっており、部下を持つ人も休みを取りやすい。アプリ開発を担当する管理職の近藤宏幸さん（36）は18年1～3月にサバティカルを取得した。

もともとは技術者だが、管理職になってからは新たな技術を習得する時間が思うよ

サバティカルの3カ条

❶ 一定の給与や手当の支給で取得を促す

❷ 取得は早めに決めて引き継ぎをしっかり

❸ 普段はできない体験でリフレッシュ

うにとれていなかったという。「自分のこれからのキャリアに危機感があった」。休暇中は買ったまま読めずにいた技術書を読み、独自のソフトを開発して公開した。

長く参加できていなかった学生時代の同窓会にも参加。全国各地の音楽ライブを回ったり、手をつけないままになっていたゲームソフトをクリアするなど、思い切りリフレッシュした。

サバティカルを取った3月は部下の人事評価の時期だったが、「関連部署の役職者を招いて部下の育成方針を話し合い、早い段階で部下に伝える」ことで影響を最小限に抑えた。休暇明けには取得時や復帰の際に困った内容をまとめて社内向けブログに投稿。休みを検討している同僚からの相談が相次いでいる。

「終身雇用では得られない知識や経験が得られる機会になる」。リクルートワークス研究所の村田弘美グローバルセンター長は、日本企業がサバティカルを導入する意義をこう指摘する。海外と比べまだ転職が少ない日本人が自分のキャリアを見つめ直すうえで、サバティカルの果たす役割は大きいとみる。

ヤフーのような大手だけでなく、中堅クラスでもサバティカルに前向きな動きが広がり始めている。従業員200人強の医療システム開発会社、ファインデックスも18年5月にサバティカル休暇を導入した。期間は最長6カ月。休み中も通常の3割の給与を支給する。

相原輝夫社長（51）は「社員の悩みを軽くしたかった」と導入理由を話す。同社ではこれまでも「新しいことにチャレンジしたい」と会社を飛び出した社員が、「元の仕事の方が良かった」と戻ってくることがたびたびあったという。

サバティカルで新たな体験をすることで「現在のキャリアの悩みを解消し、改めて新しい気持ちで仕事に取り組んでほしい」。長期間業務を空けるためには引き継ぎなどの準備が不可欠だ。相原社長は「仕事を客観的に見つめ直す機会になる」と、休みの内容以外での効果も期待している。

すでに2人の社員が取得に手を挙げた。うち1人は知り合いが経営するスーパーマーケットの経営コンサルティングに挑戦したいと話しているという。相原社長は「短くてもいいから、多くの社員に取得してほしい」と力を込める。

＊＊＊

よく働き、よく休め――。口で言うのは簡単だが、実践するのはなかなか難しい。休暇について先進的な取り組みをしてきた企業のトップはどんな収穫を得て、どんな課題を見つけたのか。社長自ら1カ月の休暇を取得したデータセンター運営会社、さくらインターネットの田中邦裕社長と、年間休日が約140日で「休める会社」として知られる電設資材メーカー、未来工業の山田雅裕社長に聞いた。

成長するには余白が必要だ

さくらインターネット社長
田中邦裕 氏

――17年春に1カ月間の休暇を取得したそうですね。

「長期休暇のきっかけは、会社の飲み会で『社長が不在でも会社が回るか』と話題になったことだった。15年の東証1部への市場変更を機に、社内の役割分担を一段と進めてきた。社長不在でも会社が機能する体制を整えたつもりだったが、本当にうまくいくかどうかを検証する意味合いもあった」

「休暇中は社外取締役を務める企業と自社の定例取締役会にそれぞれ電話会議で参加した以外はまったく仕事をしなかった。創業時に結婚して新婚旅行も行けなかったので、妻と2人で旅行に出かけた。小笠原諸島で3週間、海外で10日間過ごした」

――会社は大丈夫でしたか。

「休暇中は『水くさいな』と思うほど、会社からの連絡は一切なかった。創業社長である自分がいないとダメだろうという気持ちが心のどこかにあったが、見事に打ち砕かれた。社長不在でもうまく会社が回った。頼もしさを感じるとともに、周囲への感謝の気持ちがわき起こった」

――1カ月の休暇で社長としての収穫はありましたか。

「社長としてすべきことが見えてきた。自分の価値は業務にあるのではないと明確にわかった。方向性や価値観、ビジョンを示すことの大切さを感じ、ステージが上がった考え方ができるようになったと思う。生産性の向上には非常に重要だった。社長は非連続性を生み出す存在でなければならない。人も企業も成長するには余白が必要だ」

――昔から休暇を重視されてきたのですか。

「昔はまったく逆だった。特に創業時は、昼間は学校に通って夜は仕事。睡眠時間が2～3時間という時もあり、1日20時間ぐらい働いている感覚だ。サーバーがダウンしたらすぐに復旧したかったため、サーバーの横で眠るような状況だった」

「ただ、今になれば、よく寝ていれば、もっと成果を上げられたのではないかと思う。人間は眠らないと機嫌も悪くなり、人間関係やアウトプットにも悪影響を及ぼしてしまう」

――自らの休みを踏まえて会社の制度をどう変えていますか。

「当社は働き方を強制しないことをモットーにしている。休暇を取ると金銭的に得をするといった動機づけをいろいろと試していきたい。私自身もこれからも積極的に休むことで、社内に休みやすい雰囲気を作っていくつもりだ」

「働きやすさを整えることは、採用面で非常に有利に働いている。働き方を変えたい優秀な人材が転職してきている。その人たちが新しい会社の風土をつくるため、どんどん良い方向に変わってきている」

「10年前は約20％だった年間の離職率も今は約1％まで下がった。自由な働き方をさらに進化させ、新たなビジネスを生み出しやすい環境をつくっていきたい」

さくらインターネット　データセンターの運営事業を手掛ける。創業社長の田中邦裕氏が舞鶴工業高等専門学校の在学中の1996年に起業。ネットビジネス黎明期の需要をとらえ、東証1部上場を果たした。従業員は約400人。休暇の取得促進や副業の容認など、自由な働き方ができる環境づくりにも積極的に取り組む。

休みと業績の相関を実証

未来工業社長
山田雅裕 氏

――お盆の10連休、年末年始の18連休など休みの多さで知られています。

「きちんと休みを取って社員のモチベーションを高めれば業績も上がる。創業者の一人である山田昭男はそう考えて、まずゴールデンウイークから手をつけた。ある年は飛び石連休をまとめて9連休にし、翌年はカレンダー通りに休むなど検証を繰り返した。週休2日も率先して導入し、休みを取った方が業績が上がることを示した」

「顧客からすれば急に工事資材が必要となった時などのためにも、未来工業に休みなく営業してほしいだろう。だが、実際の売り上げはどうか。社員からの要望を受けてお盆休みを2回に分割したことがあったが、まとめて休みをとった年に比べて売り上げは下がった。こういった実績とデータを積み重ねることが大切だ」

――大胆な休日制度も次々と導入しています。

「もちろんうまくいったことだけではない。ある工場で社員にローテーションで休みをとらせて、週休3日を試みたことがあった。しかし、社員からすれば土日に必ず休みがとれるわけではないため、子どもの行事などに出られないケースもある。数多くの不満の声があがり、1年もたたないうちに元の週休2日に戻した」

――働き方改革の先進企業として有名になりました。

「昔は変わった会社と思われていたが、隔世の感がある。ただ当たり前のことを言って、取り組んできただけだ。つまり、『残業する社員は良い社員である』という概念が残っている限り、働き方改革は進まないということだ。残業は会社の利益を削る。残業代を商品に上乗せしましたと言っても顧客は納得しない。だから利益を削るしかなくなる」

「それなのに経営者自身が『残業する社員がいるから会社が成り立っている』と思ってしまう。これは経営者の責任だ。利益があるからこそ社員に分配できる。その原点にもう一度立ち戻るべきだ」

――創業当初は残業が当たり前だったそうですね。

「創業から10年は毎年業績が2倍、次の10年は毎年2割増で伸び、残業がなければ会社が成り立たなかった。それが今のような残業のない会社に変わったきっかけがバブル崩壊だ」

「仕事量が一気に減ったにもかかわらず、残業するセクションは残っていた。そこで一部部署だけに残業があることを、全工場に伝わるようにした。能力不足を指摘されているようで社員が嫌がるようになり、自発的に改善点をみつけて残業を減らしていった」

――残業が必要な場合もあるのでは。

「顧客の求めがあれば残業してでもつくることはある。すべての残業や休日出勤を否定するわけではない。ただ、平時には当社の社員は午後5時には工場からいなくなる。15分以上の残業は自分に能力がないと宣言しているようなものだ。できる部署ほど早く帰る」

「社内には『常に考える』という言葉が至る所に貼ってある。時間内に作業が終わるように知恵を絞ることを社員に意識づけるためだ。社員の提案は積極的に受け入れ、設備投資もいとわない」

――働きやすい会社としてさらに取り組むことはありますか。

「働きやすい会社という今の環境が、社員にとって当たり前になりつつあるとは感じている。いかにマンネリを打破するか。プロパー社員からすれば、比較するものさしがない。そこで外部コンサルタントの意見を取り入れ始めた。足りない部分をみつけるため、外部の目で客観視することも重要だ」

未来工業　岐阜県に本社を置く電設資材メーカー。東証・名証上場で、連結従業員は一一九一人。創業者2人が劇団仲間と設立した。休日の多さなどから、「日本一のホワイト企業」と呼ばれることもある。「ホウ・レン・ソウ（報告・連絡・相談）」を義務付けず、改善提案を出すだけで報酬を出すといった取り組みも話題になった。

(コラム) 有給休暇消化率、日本が最低の50%――30カ国・地域、民間調査

日本人は世界一の「休み下手」――。オンライン旅行会社の米エクスペディアが世界30カ国・地域で実施した調査によると、2017年の日本の有給休暇消化率は50%と最低だった。日本の最下位は2年連続で、次に取得率が低かった韓国との差も広がった。

調査からは「休みたいが休めない」という働き手のジレンマが透けて見える。日本人が休みを取らない理由のトップは「緊急時のために取っておく」。病気になった場合などに備えようという傾向が根強く残る。2番目は「人手不足」。自分が休むと職場が回らないといったことへの不安も大きいようだ。

一方、休みにくいことへの不満を持つ人も多い。転職活動で重視するポイントにつ

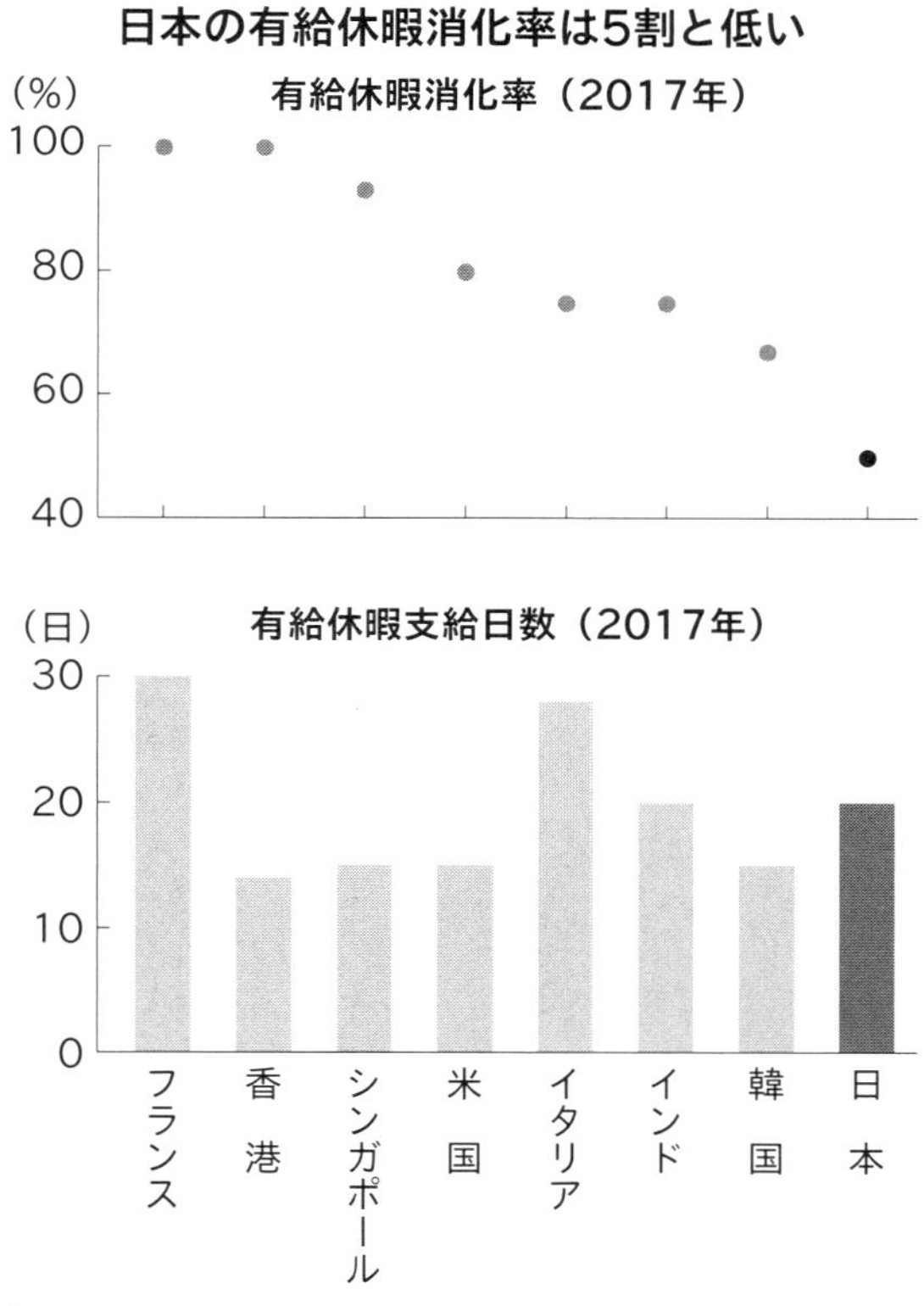

（注） エクスペディアの調査を基に作成

いて聞いたところ、「より多くの有休が取得可能」を挙げる人が最も多かった。「サバティカル」のような長期休暇制度を導入することは、中途採用などでも企業側のアピールポイントになりそうだ。

実は休みが取りにくいのは「夏休み」も同様だ。楽天リサーチ（現・楽天インサイト）が1000人を対象に18年6月に実施した調査によると、理想とする夏休みの日数は平均11日。これに対して現実に取得しているのは6・8日にとどまった。理想とのギャップはまだ大きい。

夏休みの過ごし方も「自宅で過ごす」とした人が最も多い。理由のトップは「どこに行っても混んでいるため」で、取得時期などが柔軟な休暇が広がれば、休み方も多様になりそうだ。

❷ ロックオン

休暇中は仕事の連絡厳禁
覚悟の「つながらない」宣言

休暇取得率は100％

休み中や終業後に会社からのメールや電話に悩まされたことがある人も多いだろう。「つながらない権利」。耳慣れない言葉だが、フランスでは2017年1月に法律で認められた労働者の権利だ。就業時間外は会社と「つながらない」ことで本当の意味で心身を休める。なかなかそこまで踏み込めない企業や人も多いだろうが、日本でもつながることを禁止する会社が大阪にある。

「以前は旅行にいくという考えさえ浮かばなかった」。東証マザーズ上場のウェブマーケティング会社、ロックオン（大阪・北）で働く長野佳代子さん（36）は12年に初めて行ったフランス旅行を思い出す。ルーヴル美術館で本物のモナリザを見た感動は今でも忘れられない。その後は長期休暇のたびに海外に出かける。

「心変わり」の最大の理由は、同社が11年に新設した休暇制度だ。まず、平日5日間と前後の土日を合わせた9連休の取得を社員に義務付けた。そのうえで、休んでいる社員に上司や同僚らが仕事上の連絡を取ることを禁じたのだ。

名付けて「山ごもり休暇」。長野さんも「連絡を一切絶てるなら、思い切って海外に行こうと思った」と話す。約100人の社員の山ごもり休暇の取得率は初年度から100％。その裏には「ここまでやるのか」ともいえる様々な工夫がある。

「山ごもり休暇」への道

長野さん

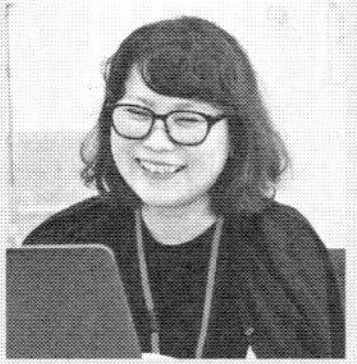

日々業務を
棚卸し

3日前までに
引き継ぎシート

川村さん

引継業務	詳細	作業発生時期	引き継ぎマニュアルなど	引き継ぎ先
プロジェクトA	顧客対応	随時	プロジェクト資料の格納先→○○○○	Aさん
コーポレートIR	IR資料	決算発表日の半月前	※今回の休暇期間には発生しません	Bさん
コーポレート社内	CEOランチ	月2回	○月×日実施のランチ準備、片付け＆事後アンケートの送付をお願いします	Cさん
コーポレート社内	朝会運営	毎週月曜日	掲示板への掲載手順→○○○○	Cさん

引き継ぎシートを
全社メール

同僚はシートを
見ながら代行する

つながらない権利

つながらない権利

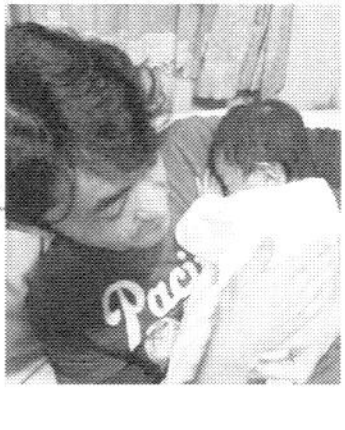

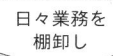

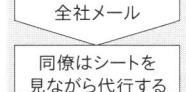

「引き継ぎシート」を作成

まず、決算年度末である9月中に、次年度の全社員の山ごもり休暇の取得日を確定させる。課やチーム内で社員同士の日程を調整し、業務が滞らないようにしたうえで、誰がいつ休むかを社内システムで共有する。

一度決めた休暇日程は、社長決裁がなければ変えられないのがルール。なし崩し的に休みを取らない社員が出るのを防ぐためだ。「つながらない」ことへのこだわりも強い。休暇中の社員とどうしても連絡を取りたい場合は、役員会議にかけなければならない。これが「抑止力」となることで、制度が順守されているという。

「それでも連絡が必要な場合もありませんか?」。記者が尋ねると一枚の紙を見せてくれた。同社独自の引き継ぎシートだ。社員一人ひとりが必ず作成して皆で共有する。携わるプロジェクトや朝会の運営といった業務について、どういう時にその作業が発生するのか、どう対応するのか、その業務に関わるマニュアルはどこにあるのかを記入する。

だいたい1人10項目ほどだが、その一つひとつに対応するマニュアルが緻密に作られている。過去の経験から想定される事態を書き出して対処法も示す。長野さんは「一切の連絡が禁止と言われると引き継ぎに甘えが許されない。周りに迷惑をかけないようシートづくりは真剣だ」と話す。

業務の棚卸しを習慣に

山ごもり休暇は毎年ある。自らの業務の棚卸しを日々の習慣にしていれば、直前になって慌てずにすむ。長野さんも「初年度は引き継ぎ資料を作るために残業したほどだったが、2年目からはそれもなくなった」。

入社2年目で5月に初めて山ごもり休暇を取った内藤勇之助さん(23)は、休暇の1カ月前から資料づくりを始めた。先輩に何度も見てもらいながら作り上げたが、「休暇に入った初めの数日はシートに漏れがないか不安だった」と笑う。

なぜ休むためにここまでするのか。記者の疑問に岩田進社長(41)は「社員を休ま

「つながらない権利」の3カ条

❶ 連絡を取らないことをルール化

❷ 引き継ぎ資料づくりは徹底的に

❸ 日ごろから自分の業務を棚卸し

せるためだけに始めたのではない」と打ち明ける。同社は大学生だった岩田社長が00年に創業。ネット広告の効果を測定するシステムの開発で急成長した。

しかし、成長に伴って社員一人ひとりが何をしているのかがわかりにくくなった。「仕事が属人的になりすぎると、社員が病気になったり転職したりしたときのリスクが大きい」

山ごもり休暇は9日間とはいえ強制的に仕事から離れることで、社員一人ひとりが抱える仕事を洗い出す効果がある。さらに、効率的な仕事の仕方を考える機会にもなる。業務改善効果もあって14年9月には上場を果たし、その後も好調な業績が続く。

「導入当初は『人が足りない』『仕事をカバーでき

ない』といった反発が大きかった」と岩田社長は振り返る。ところが、トップダウンで強行してみると、「やってみれば意外とできた」。記者が取材したすべての社員が口をそろえた。

休みをとった社員の感想も多くは岩田社長の狙い通りだ。システム開発を担当する川村敦さん(47)は「仕事を一人で抱え込むメリットはない」と実感したという。いったんシステムに不具合があれば24時間いつでも対応しなければならないだけに、一人しか対応できないのは、本人にとっても会社にとってもデメリットだという。

一人に頼らない

川村さんは14年に同社で初めて1カ月間の育児休暇を取得した。「自分自身や子どもの病気などで急に休まなければならなくなっても、仕事を代わってもらえる」と、山ごもり休暇の効果を実感している。

さらに、引き継ぎ資料やマニュアルを通じて他人の仕事の進め方を知ることが、自身の仕事の効率改善にもつながるという声も多い。川村さんも「引き継ぐには自分の業務を他人に明確に説明する必要がある。各自が自分の仕事を整理し、客観的に把握できるようになった」と話す。

つながらない権利は長期休暇だけに限らない。多くの人にとって日常の業務を終えて帰宅してから、電話やメールへの対応を迫られることは珍しくないだろう。

フランス系のアクサ生命保険は「『良い職場』づくり宣言」を公表。深夜や週末のメール送信を控えることを盛り込んでいる。米系のジョンソン・エンド・ジョンソンも就業時間外のメールや電話での仕事のやりとりを控えるよう社員に呼びかけている。強制ではないが、「つながらない」という意識は社員に浸透しているという。

（コラム）上司からのメール、3割「時間外でも対応」――フランスは法律で規制

デジタルデバイスの発達は勤務時間の境目を曖昧にする危うさもある。ＮＴＴデー

業務時間外に緊急性のない連絡に対応する人は多い

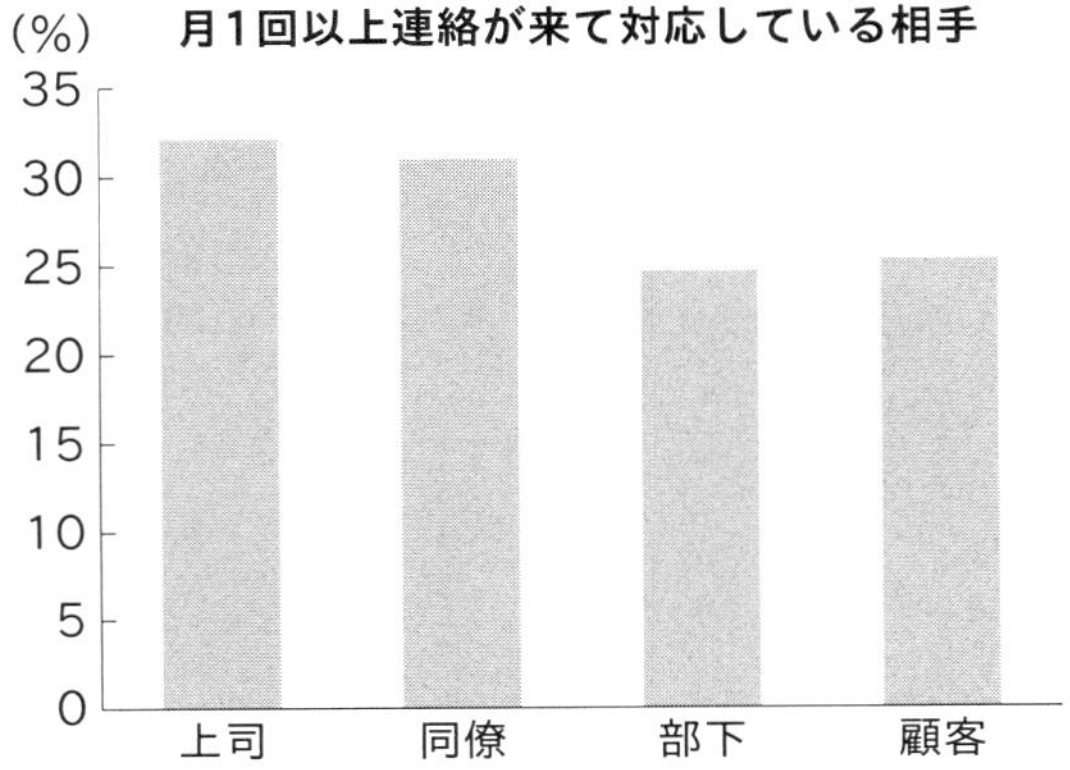

（注）　NTTデータ経営研究所の調査（18年6月）から作成

タ経営研究所が１１００人を対象に２０１８年６月に実施した調査では、ほぼ３人に１人が「月１回以上、上司からの不急のメールや電話に対応している」と答えた。メールやチャットを使って仕事ができることは場所を選ばない働き方に追い風だが、ルールがないと仕事に追われることにもつながりかねない。

　こういった業務時間外の職場からの連絡に、法律で対処するのがフランスだ。17年1月施行の改正労働法で「つながらない権利」を明記した。労働政策研究・研修機構の細川良研究員は「フランスでは近年、ホワイトカラーの労働者の精神面の不調が問題になっていた」と指摘する。

フランスの「つながらない権利」は、就業時間外に会社から仕事上の連絡があっても、労働者側が拒否できることを認める。そして、つながらない権利を実現するための取り組みを労使で協議することも義務付けた。

フランスは従来から日本よりもプライベートの充実を重視する傾向があるとされる。それだけに、電話やメールで私生活を侵されることへの不満も多かったようだ。

一方、日本では大手企業を中心に残業時間を減らす動きが活発だ。しかし、勤務時間外のメールや電話などは個人の裁量によるところが大きい。法的に規制するとまではいかなくても、企業や個人の意識を変える必要もありそうだ。

3 住友林業／三井物産

毎日ぐっすり眠り、効率勤務
退勤→出社、間隔を11時間以上に

残業数十時間減る

「警告　インターバル対象日です。前日の終了時刻と当日の開始時刻の間は11時間以上空けましょう！」。住友林業の社員が毎日利用する勤務管理システムには、こんなメッセージが表示されることがある。

前日深夜まで残業して翌日も朝早く出社するなど、退勤から出社まで11時間以上空いていない場合に現れる。同社は２０１７年４月に「勤務間インターバル制度」を導入した。罰則規定はないものの、同社の就業規則に明記している。

「顧客の意見は当日中に図面に反映し、翌日には提示しなければ他社に仕事を奪われかねない」――。同社ではそんな危機感から設計担当者の深夜残業が常態化していた。担当者が夕方以降に集中して働けるようにするためにも、勤務時間を自由に決められるフレックスタイム制度の導入を検討してきた。

しかし、自由な勤務は過重労働につながりかねない。そこで、「フレックス制度の安全弁になる」（西周純子執行役員）と考え、インターバル制度とフレックスタイムをセットで導入した。

勤務間インターバルは日本ではまだなじみが薄い。先行導入した住友林業でも当初は戸惑う社員もいたという。経営企画部の山崎健一さん（33）は役員会議の資料作りで残業が多かった。数あるグループ会社の決算資料に目を通し、参考資料に間違いがないことなどを確認する。「初めはインターバルを守れず、頻繁に警告がパソコンに

終業と始業の間隔をしっかり空ける

住友林業

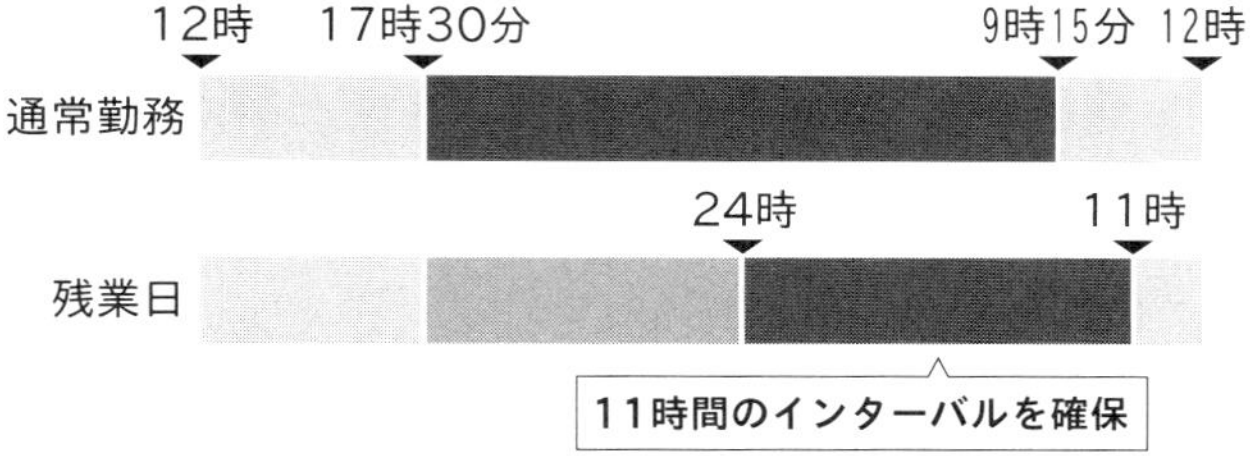

三井物産

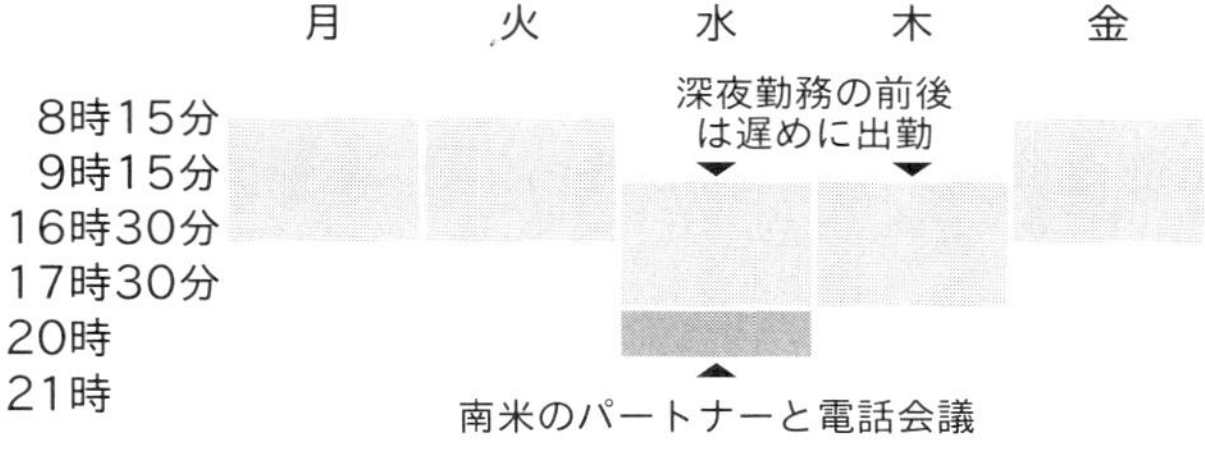

表示された」と振り返る。

しかし、この1年ほどの間に働き方改革の機運が全社的に広がった。役員会議の資料も簡素化が進み、「毎月の残業時間が数十時間減った」。警告が表示されることもほとんどなくなり、「睡眠を十分にとり効率的に働けるようになった」と笑顔だ。

出退勤をITで把握

残業の削減やインターバルの確保には、出退勤の正確な管理が欠かせない。世界中と取引があり、不規則な勤務も多い総合商社。三井物産を訪ねると、出社した社員が立ち上げたパソコンにタイムカード状の画面が表示された。社員は「出勤」のボタンをクリックすると業務開始と認められ、退社時には「退勤」のボタンをクリックする。

また、オフィスへの入退室のログを社員証で取得するなど様々な記録を参考にして正確な出退勤を把握。こうした記録を通じて会社側が労働時間を厳密に把握することで、逆に社員は時間に縛られない働き方ができる。

勤務間インターバルの3カ条

❶ 企業風土に即した制度に

❷ 自動アラートなど注意喚起システムを整備

❸ 残業制限や時間単位の有休などを併用

同社は17年から社員が各自の判断で効率の良い出勤時間を選択できる制度を取り入れた。午前7時45分から午前10時45分までの好きな時間に出社し、所定の7時間15分を働いた後には自由に退社できる。

森林資源事業推進室の伊藤雄太さん（38）は日本と昼夜が逆転するチリで製造される木質チップの取引を担当。毎週水曜日の午後8時から9時には共同事業パートナーとの電話が欠かせない。従来は残業が必要だったが、水曜と木曜の出勤を午前9時半に遅らせることで、12時間のインターバルを確保する。

伊藤さんは埼玉県の郊外から東京・大手町への通勤に1時間半かかる。以前は子どもの起床前に家を出て、子どもの就寝後に帰宅していた。今は水曜と木曜の朝に子どもたちの顔がみられる。「平日の方が学校での出来事を聞きやすく、子どもとのコミュニケーションが増えた」と笑顔だ。

一方で、遅い出勤には責任も感じている。「自由な働き方で上司の信頼を損ないたくない。良質なアウトプットを出していきたい」と緊張感も持ち続ける。

三井物産はインターバル制度を導入していないが、伊藤さんのような時差出勤や1時間単位で有給休暇が取れる仕組みなどを採用し、休息が担保できる体制を整える。

インターバル制度は労働者の健康や生活を守るための仕組みだ。しかし、大企業はともかく、中小企業や接客業など業種によっては制度化は難しいのではとも感じた。

労働と睡眠との関わりに詳しい大原記念労働科学研究所の佐々木司上席主任研究員の言葉が耳に残った。「人間は7時間半の睡眠が体に最も良いとされ、6時間以下は勤務効率も低下する。中小企業も含めて11時間以上の休息確保は不可欠だ」

（コラム）勤務間インターバル制度導入1・4%——中小ほど低く

勤務間インターバル制度は欧州などで1990年代から広がった。欧州連合（EU）は一部職種を除いて、24時間につき最低でも連続11時間の休息を与えることを義務付ける。日本では2018年6月に成立した働き方改革関連法に盛り込まれ、19年4月から企業の努力義務となる。国は20年までに10%以上の企業への導入を目指している。

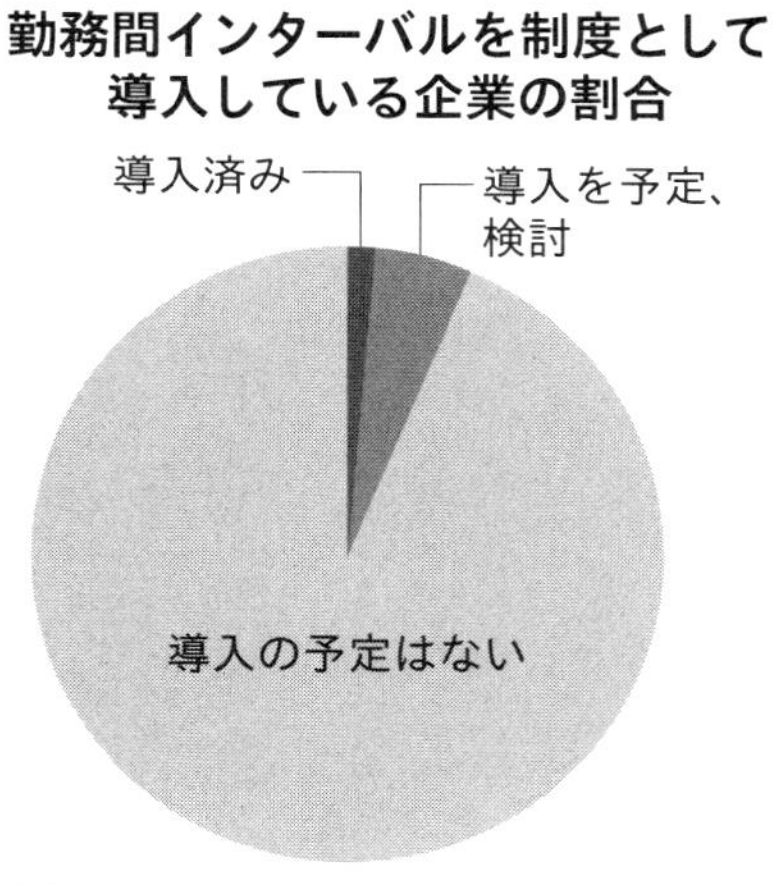

（注） 厚生労働省2017年調べ

ここに来てインターバル制度が注目されているのは、労働者の健康や生活を守るために不可欠だと考えられているからだ。しかし、日本での認知度はまだ低い。

厚生労働省の17年の調査では、導入企業は1・4%にすぎず、「導入を予定・検討する」も5・1%にとどまった。制度の知名度が低いことなどが背景にあり、導入していない理由としては「制度を知らなかった」が40・2%を占めた。

企業規模別で見ると、導入割合は従業員が1000人以上の企業で3・1%、300人以上1000人未満は2・0%、300人未満では1・3%と中小ほど低くなっている。

❹ アクセンチュア

週休3～4日でも正社員 実績出せば昇進も可能に

短日短時間勤務制度

「育児休暇後すぐに週5日働くのは不安だったけれど、週休3日であればハードルが低かった」。アクセンチュア（東京・港）の江上桜子さん（31）は振り返る。3歳の子どもを育てながら、コンサルタントとして1日6時間、週4日働いている。

江上さんは同社が2016年に始めた「短日短時間勤務制度」を利用している。正社員に週3日・計20時間以上という短い勤務を認める制度で、育児、介護、ボランティアのいずれかが取得の条件だ。これまでに約1万人の社員のうち数百人が利用したという。

江上さんは基本的に水曜日を休みにしている。「たまった家事や買い物をこなすだけでもあっという間に一日は過ぎてしまう」。そのうえで、「2日頑張って1日休むというリズムが、アタマも体もリラックスするのに向いていて仕事への集中力が高まる」と話す。

出社する日は午後4時半ごろに退社し、保育園に子どもを迎えに行く。「限られた勤務時間の中でどこまで仕事を進められるか、逆算して考えるようになった」。日々、業務を棚卸しして優先順位をつけ、何時までに何をすべきかを明確にしているという。

週5日働く人には「時間の量では勝てない」。不在の日やこなしきれない仕事は見切りを付け、理解してくれる同僚の協力も得ている。顧客との会議などは主にテレビ会議が多く、在宅で出席することもあるという。実績が認められ、17年12月には部下

1日おきに休んでボランティアや家事と両立
アクセンチュアの市本さんのある1週間の過ごし方

	月	火	水	木	金
6:30	朝食後に夫や子の見送り				
9:30	出勤	掃除や家事	出勤	地元の就労継続支援施設でボランティア	出勤
午前	社員との面談		書類作成、面談		定例会議
午後	会議、面談など	保護者会、障害者支援の勉強	会議 早めに帰宅	美容院など、自分の時間 買い物や食事	会議、面談など
17:30	退勤		在宅で電話会議		退勤
夜	保育園のお迎えや夕飯づくりなど				

を持つマネジャーに昇進した。

どんな働き方でも評価には影響せず

同社の制度では週20時間以上働くのであれば、週休4日も可能だ。働く日よりも休む日の方が多いわけだが、テクノロジーコンサルティング本部の市本真澄シニア・マネジャー（44）は火曜日と木曜日を休んでいる。出勤日の月、水、金は1日7時間ずつ働く。

現在は育休明けの社員の面談に応えたり、障害のある社員の活躍推進などが仕事。残業が無ければ週21時間勤務だ。40時間のフルタイムで働く場合に比べると、給料は半分近くになる。

市本さんは「もともと上の子どもの就学時にPTAの負担や学童の待機児童など『小1のカベ』を懸念していた」と話す。現在も9歳と5歳の子育て中で、制度導入直後から週休4日を利用し始めた。

子育ては市本さんが想定したよりも負担が小さかったというが、自らの将来の夢に向けて、毎週木曜日の午前中はボランティアに充てる。主に知的障害者が働く就労継続支援施設で軽作業を手伝う。「会社以外でできることはないかと考えた。いずれ自ら障害者の就労支援を手がけるための勉強中」と話す。

週5日の時短勤務も経験したが「周囲も5日いるから相応のアウトプットを誤解して期待する。3日だと明確に違うと認識されるので、自分や周囲の期待値もコントロールできるようになった」と話す。精神的な余裕が仕事の循環を円滑にしている。

アクセンチュアは短日短時間勤務制度の導入と同時に、多様なキャリアプランに合わせて評価制度も見直した。従来は初期の細かい目標設定に基づき、組織への貢献度を相対評価してきた。

新制度では社員ごとに成果を発揮しやすい環境や志向するキャリアに応えるために、各自が設けた成長目標をどれだけ達成できたかを必要に応じて見直し、絶対値で評価する。このため、週休3〜4日といった働き方を選んでも、それだけで評価が下がるといったことがなくなる。

週休3〜4日の3カ条

❶ 業務を棚卸しして、優先順位を付ける

❷ 社内だけでなく顧客にも理解を広げる

❸ 社員ごとに柔軟に評価できる人事制度

「週休3日」社名に掲げ意識改革

「労働基準法が定めた週40時間をベースに正社員の勤務時間を当てはめがちだが、自社の事業のためにどう働いてもらうのがベストか再定義すべきだ」と指摘するのは、株式会社「週休3日」（静岡・浜松）の永井宏明社長だ。

週休3日の働き方を広めようと社名に掲げ、現在は主に調剤薬局向けに週休3日の条件で人材紹介を手がける。

永井社長はもともと介護付き有料老人ホームで施設長を務めていた。試験的に週休3日制を導入したところ職員の離職率は下がり、仕事への活力が高まっていくのを見てきた。

薬局向けに週休3日の条件で薬剤師を紹介する週休3日

「少子高齢化の時代で介護や育児の重要性は高まり、より柔軟な働き方が求められている。実際のニーズはもっと高いはずだ」と話す。

育児や介護などをきっかけとした離職の防止や、多様な考え方を持った社員を増やして企業を活性化するためにも、週休3～4日といった多様な働き方が一段と注目されそうだ。

（コラム）短時間正社員制度「導入」21％増える

育児や介護といった理由以外でも短時間で勤務できる「短時間正社員制度」への注目度が高まっている。

厚生労働省の2016年度の調査によると、短時間正社員制度を導入する事業所の割合は21・2％と、前年度に比べて6・2ポイント上昇した。育児などが影響しているためか、利用するのは女性が約85％と圧倒的に多い。

短時間正社員は通常のパートタイム社員と主に2つの点で異なる。厚労省の定義では、企業との労働契約に期間の定めがなく、時間あたりの基本給や賞与・退職金の算定方法がフルタイム正社員と同等になっている。

パートやアルバイトに比べて企業の負担は重くなるケースも多いが、人手不足が続いているなか「短時間でもいいので、しっかり働ける優秀な正社員を確保したい」といった企業の思いが見えてくる。

ただ、中小企業にはややハードルが高い制度でもある。調査では事業所規模が

短時間正社員制度の導入割合

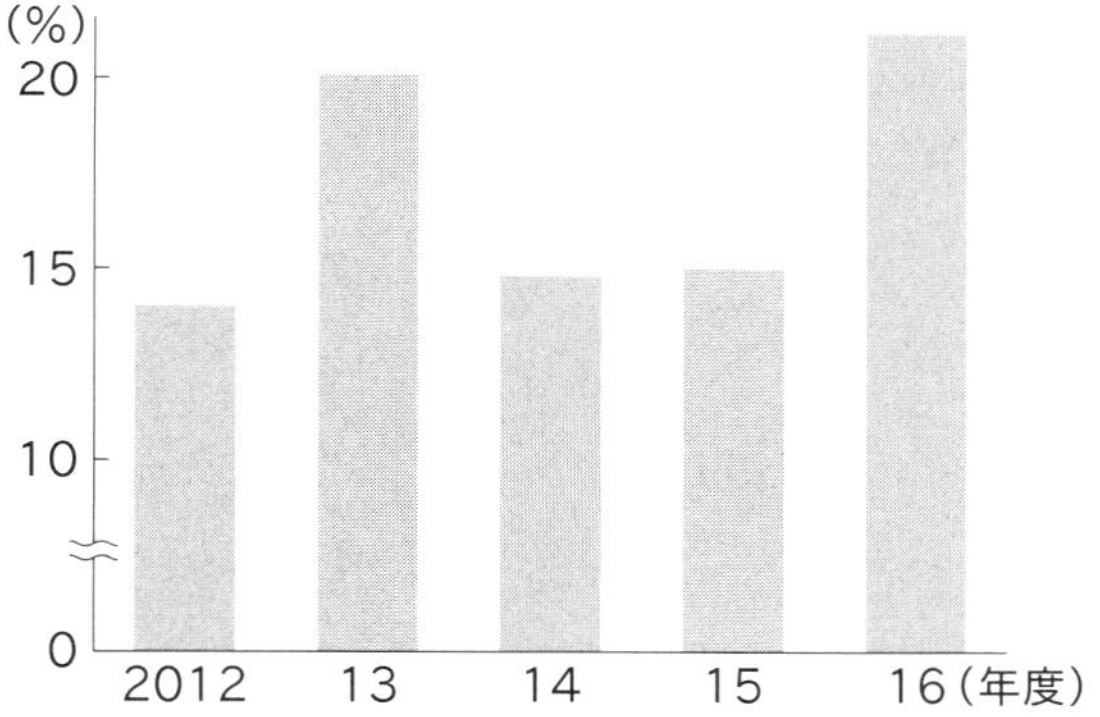

(出所)　厚生労働省「雇用均等基本調査」

500人以上の場合は導入率が4割近くに迫るが、500人未満では3割を切っている。

一方、厚労省の17年の調査では完全週休2日制より「休日日数が実質的に多い制度」を導入する企業は6%にとどまる。

そもそも毎週必ず2日間が休みとなる「完全週休2日制」の導入企業は依然として46・9%と半数以下。週休3～4日という休み方が一般化するにはまだ時間がかかりそうだ。

5 エムティーアイ／ティーペック

不妊 最大2年まで休職
がん 月2日の特別休暇

社員の治療、制度で支える

「休んだ方がいいのか、退職すべきなのか。ご判断頂けますか」――。2013年秋、ネット関連企業、エムティーアイ（MTI）に勤務する立石優子さん（39）が上司に切り出した。30歳で結婚したが、4年近くたっても自然妊娠をしなかった。「少しおかしいな」。34歳の誕生日に不妊専門病院に行き、検査を受けたが明確な原因はわからない。

その後、「奇跡の妊娠」（立石さん）で、まもなく母子手帳を受け取るという頃に流産を経験する。「心拍も確認できていたのに……」。取材中に言葉に詰まって涙ぐむほどで、そのショックの大きさたるや想像に難くない。諦められない立石さんは高度な不妊治療に進むことを決意した。

ただ、専門病院では毎日、ホルモンをコントロールする注射をし、体外受精させて子宮に戻すといった治療スケジュールを示された。「とても有給休暇だけでは無理だ」

そこで上司に伝えたのが冒頭の問いかけだ。会社はこの声をきっかけとして、不妊治療休職制度を新設した。医師が出す治療計画書を会社に示せば、無給だが不妊治療を目的に最大2年間、休職できる。社会保険料の自己負担分については会社が補助する。

立石さんは早速、13年11月から休職し、産休も経て15年12月に元気な男の子を出産した。現在は上席執行役員ヘルスケア事業本部長として、多くの女性が利用する健康情報サービス「ルナルナ」や、母子手帳アプリの事業などを統括する。

治療と仕事の両立支援策に力を入れる

エムティーアイの場合

不妊治療

- 不妊治療を目的として最大2年間休職できる
- 本人と配偶者は月2回まで特別休暇を取れる

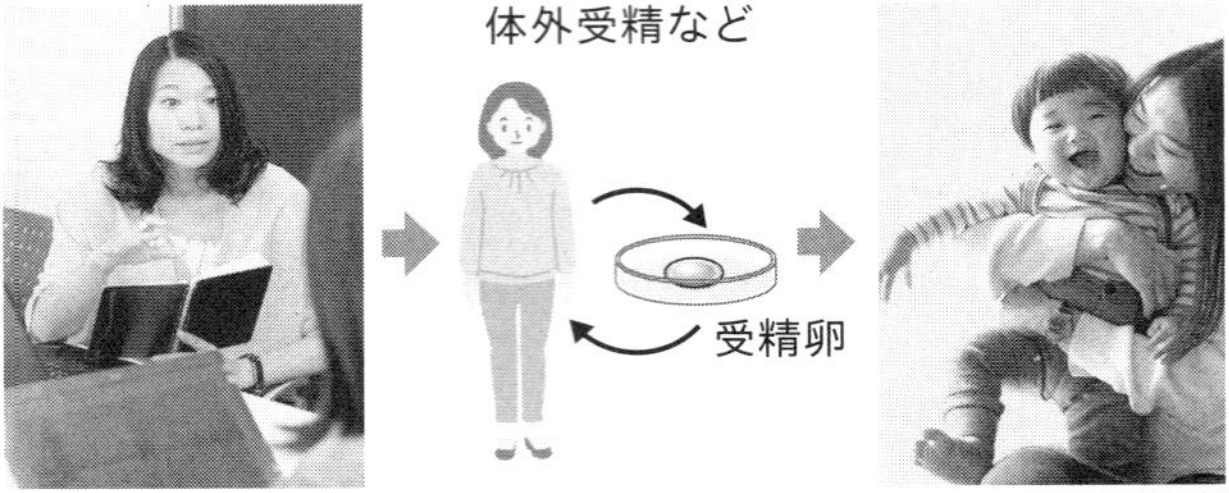

※立石さんは毎日の排卵誘発剤の注射や、体外受精などで1年半休職した

ティーペックの場合

がん治療

- 通院する場合は月2日以内で特別休暇を取得できる
- 半日利用も可能
- 時差出勤や負担が少ない部署への異動なども配慮

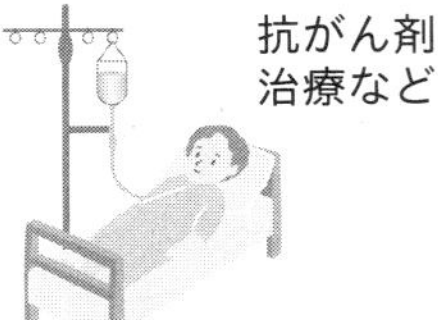

※加藤さん（仮名）は3週間に1度の抗がん剤治療や術後の定期検査などに特別休暇を活用している

デリケートな問題にもかかわらず、実名での取材に応じてくれた立石さんも、終わりがみえない治療は「身体面、経済面、精神面のいずれも苦しかった」と振り返る。今のところ休職したのは立石さんだけだが、「制度があることは不妊に悩む社員の安心感につながっている」。

ＭＴＩは不妊治療休職制度とは別に、治療をしている本人と配偶者向けに、月２回まで特別休暇が取れる「ファミリーサポート制度」も整備。苦しむ社員を支援する。心や体を休めるだけでなく、やむにやまれぬ事情から休暇を取らなければならない時もある。その代表が病気や治療だ。そうなっても貴重な人材を簡単に辞めさせず、治療と仕事との両立をサポートする動きが広がりつつある。

会社を辞めずに通院が可能に

次に訪ねたのは健康相談サービス会社のティーペック（東京・台東）だ。同社はがん治療で通院する社員が、月２日以内の特別休暇を取得できる制度を14年に導入した。

治療休暇の3カ条

❶ 事前に病状などを上司に伝えておく

❷ 社員がためらわずに利用できる制度に

❸ 休暇取得中は治療に専念する

40代の加藤美紀さん（仮名）は、2年半ほど前に会社の人間ドックで乳がんの疑いが見つかった。「自覚症状はなかったが、うつぶせになったときに胸に多少痛みを感じていた。まさか、という感じだった」

医師は手術前の抗がん剤治療を選択したが、この治療に加藤さんは苦しむ。最初の抗がん剤は3週間に1度投与するタイプで、金曜日に治療を受けると翌週まで虚脱感と息苦しさで座ってもいられない状態になった。

診断書とともにがん治療休暇制度の利用を申請し、有休も使いきって治療に専念。手術も無事に成功した。「休暇制度のおかげで会社を辞めようという考えは浮かばなかった」と加藤さん。現在も定期的な検査や治療にこの休暇を活用する。

同社は全体の7割弱を女性社員が占め、看護師や臨床心理士といった資格を持つ人も多い。事業拡大で社員数も増え、乳がんなどを患う人も出てきた。砂原健市社長は「社員が有休を取りきって給料が減るのをなくしたい」と考え、治療休暇制度を創設。早期発見のための検診・検査への補助などにも力を入れる。休暇制度はこれまでに加藤さんを含めて3人が利用し、誰も辞めていない。砂原社長は「経験がある社員が辞めると、新しい社員を育てるには同じだけの時間がかかる」と強調する。

社員が生き生きと働くための投資は、最も重要な経営戦略の一つだ。様々な「休み」を取り入れた健康経営がこれからの成長企業のキーワードになる。2人の女性の笑顔を思い出しながらそう確信した。

（コラム）不妊治療と仕事両立できずに退職16%

医療の進歩で「不治の病」とされていたような病気の生存率も上がっている。育児

不妊治療と仕事の両立状況は？

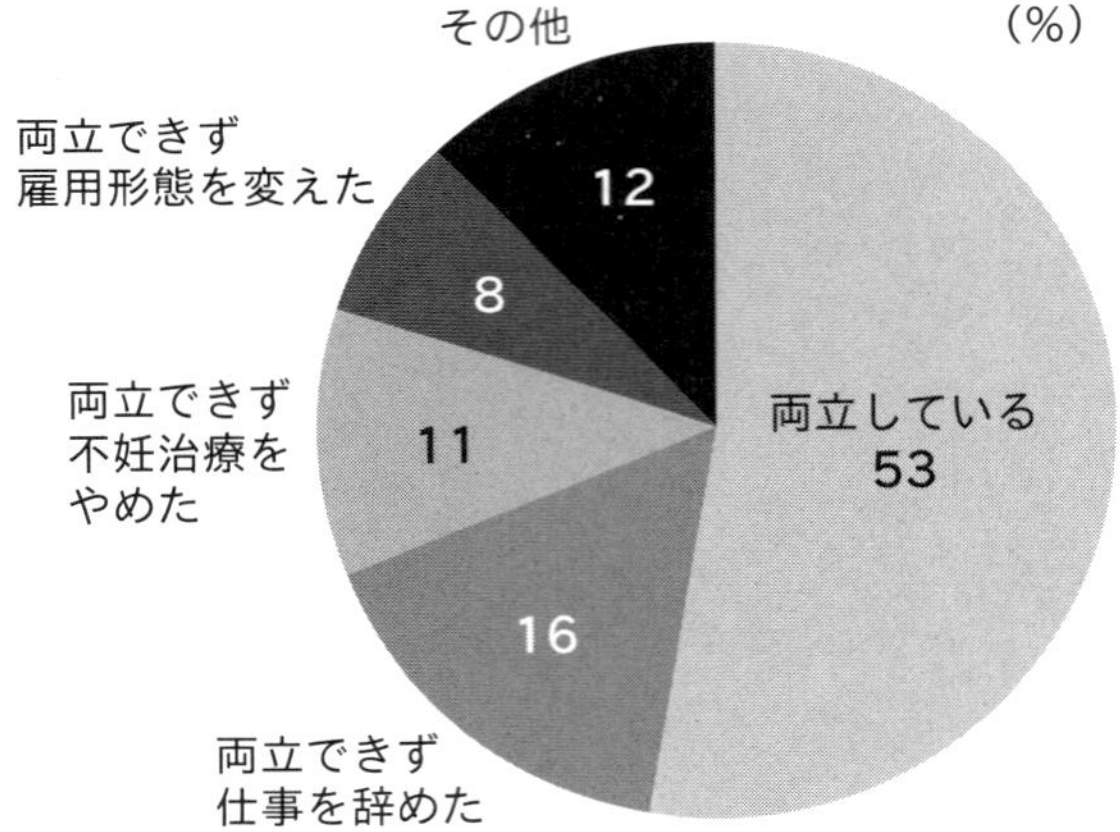

（出所）　厚生労働省「不妊治療と仕事の両立に係る諸問題についての調査結果報告書」(2017年)

や介護だけでなく、治療と仕事の両立も企業の重要な課題になりつつあるが、しっかりと体制が整備できている企業はまだ少ない。

厚生労働省が2017年度に実施した不妊治療と仕事の両立についての初めての実態調査によると、不妊治療をしたことがあると回答した人のうち、「両立できず仕事を辞めた」という人は16％に達した。

「両立できず不妊治療をやめ

た」は11%、「両立できず雇用形態を変えた」も8%あった。約3分の2の会社が不妊治療をしている自社の従業員を把握しておらず、不妊治療に特化した制度が未整備なケースは多い。

通院治療が増えているがんも同様だ。三菱UFJリサーチ&コンサルティングの15年の調査によると、罹患《りかん》後に転職・再就職した人が14%に達している。

第3部

先進企業は今

2018年6月に関連法も成立し、いよいよ本格的に動き出そうとしている働き方改革。一方で国や法律の後押しを受けずに、率先して取り組んできた企業もある。ニュースなどにも取り上げられてきた、あの企業のあの取り組みは今、どうなっているのか。第3部は改革先進企業の現場を訪ね、その成果を探った。

1 ロート製薬

地ビールも市政も活力源
副業と本業が相乗効果

クラフトビール立ち上げも

「この味のビールはここでしか飲めないんですよ」――。2018年9月中旬の土曜日の夕方、近鉄奈良駅から徒歩約5分の「ゴールデンラビットビール」を訪ねた。こぢんまりとした店内には、地元の素材にこだわったクラフトビール「ひのひかり」と一緒に、ソーセージなどのつまみを楽しむ人たちがいた。

全国でクラフトビールがブームとなるなか、ロート製薬の製薬工場に勤めていた市橋健さん（38）は、地元の奈良市の土産物店を見て「なぜ地元のビールがないのだろう」と気になっていた。薬づくりを通じてものづくりの面白さに目覚めていたころでもあった。

地元に貢献したいという思いもあり、「どこまでやれるかわからないがチャレンジしてみよう」と決心。16年にゴールデンラビットビールを本格的に立ち上げた。現在は製造を外部に委託しているが、奈良のコメを使ったビールなどで着実にファンを増やしており、今後は自前のブリュワリーも設ける計画だ。

そんな市橋さんだが、実は今もロートのアグリ・ファーム事業部に所属する会社員。平日は大阪市内のロート本社に通い、食品製造子会社の品質管理計画書づくりなどに携わる。

この二足のわらじを実現させたのが、ロートが16年2月に打ち出した社員の副業解禁だ。それまでは他社と同様に就業規則で副業を原則禁止していたが、ベンチャー精

～副業時のある一日～　**市橋さん**	
7:00	起床
9:00	家族で買い出し
10:30	ゴールデンラビットビール出社、開店準備
11:00	店舗開店。接客など
17:00	閉店。片付けなど
18:30	帰宅

副業の3カ条

❶ 社員の健康・安全管理はきちんと

❷ 本業と両立できる仕事を選ぶ

❸ サポートしてくれる同僚社員への気配りを忘れずに

神をもつ社員を育てるためにも解禁に踏み切った。

副業は長時間労働による社員の健康面の問題や、情報漏洩などの懸念もあって、産業界は長く前向きでなかった。それだけに、ロートの改革は大きな話題となった。

その後はソフトバンクやユニ・チャームなど解禁に踏み切る企業が拡大。厚生労働省も18年1月には「副業・兼業の促進に関するガイドライン」を作成したほか、企業が参考にする「モデル就業規則」も副業を容認する内容に改定した。

ロートの副業は届け出制だ。希望する社員は副業で「何をするのか」「目的」「頻度」の3つ

約70人の副業社員の主な仕事

	本業	副業
市橋さん	新規事業担当	ビール会社を起業
安西さん	新規事業担当	市役所の戦略推進マネージャー
	研究開発	薬剤師
	マーケティング	大学講師
	海外事業担当	放送作家
	研究開発	科学実験教室
	人　事	キャリアコンサルタント
	広　報	食育セミナー開催

（注）　ロート製薬の取材に基づき作成

～副業時のある一日～	**安西さん**
6:45	起床
7:30	メールチェックなどしながら大阪から福山へ移動
9:00	市役所で人口減問題に関する助言など
13:00	午後の業務
17:30	退庁、大阪へ移動
19:15	帰宅

を会社に提出して、上司と面談する。と言っても「会社が可否を判断することはない」と人事総務部副部長の山本明子さん（49）は説明する。

企業が懸念する情報漏洩などは副業とは関係なく就業規則で禁止されているケースが大半だ。もともと、競合する企業で働くことは難しく、ロートの名前を汚すような業務には就けない。実際にこれまでにそういう申請をしてきた例はまだないという。

なかには「バーテンダーをしたい」という社員がいたが、どうしても深夜勤務になってしまうので、話し合いの結果として副業は難しいという結論になった。上司との面談などが適度な〝抑止力〟にもなっているように感じた。

解禁2年半 約70人経験中

ロートが副業を解禁しているのは社会人経験が3年以上の社員。約1200人のうち、現在は約70人が届け出ている。副業の内容は様々だが、薬剤師の資格を生かして調剤薬局などで働く社員が10人弱で最も多い。

山本さんは「副業をやってみたけど思うように両立できず、本人の判断で副業をやめた人もいる」と打ち明ける。そのうえで、「副業をしている社員はやりたいことをやっているためか、社内でも生き生きしているように見える」。

市橋さんと同じ部署で新規事業開発を担当する安西紗耶さん（34）は、18年3月から月に3〜4日は広島県福山市を訪ねる。人口減少対策などを市職員らに助言するためだ。同市は「限られた予算で有能な人材を集めたい」として、兼業・副業限定で戦略推進マネージャーを募集。安西さんは約400人の応募者から選ばれた5人のうちの1人となった。

安西さんは16年にはデザイン会社も起業しており、福山市の仕事は2つめの副業となる。「ロートで会社員、デザイン会社で経営者を経験して、さらに暮らしの課題に携われる行政に興味をもった」。副業を通じて多くの人と交流することで徐々に「自分の地図が広がっている」と話す。

記者は市橋さんと安西さんの精力的な働き方に感心しながらも「体は大丈夫なのだろうか」と心配になった。そこで、2人の上司である笹野正広さん（42）に聞くと「みんな楽しそうにやってますよ」と話してくれた。

笹野さんは「日ごろのコミュニケーションを通じて副業の様子を理解しようとしている」という。一方で、「副業をする本人たちが職場の人たちに対して、仕事をカバーしてもいいと思えるような気遣いができているかが重要だ。ただ、これは育児中などでも同じこと」とも指摘する。

「働きすぎ」への配慮不可欠

法定労働時間を超える労働には割増賃金を支払う必要がある。厚労省のガイドラインでは、本業の労働時間は法定内だが、副業を含めると超えてしまった場合には、超過分を払うのは基本的に「副業」の事業者だ。

本業の企業から見れば決められた範囲で勤務する社員の副業の労働時間を把握する必要はないことになる。とはいえ、社員の安全や健康に対する配慮は欠かせない。複数の仕事に携わる社員の「働きすぎ」を防ぐ安全網は不可欠だ。

労働問題に詳しい西村あさひ法律事務所の菅野百合弁護士も「企業は社員の健康や安全に配慮するために副業先での就業時間を把握することが望ましい」と指摘する。ロートは従業員全員が年に1度、産業医か保健師と面談する機会を設けるなど健康管理を徹底しているという。

少子化による将来的な労働力不足が予想されるなか、国は働き方改革の柱の一つとして副業解禁を推し進めている。イノベーション創出や技能向上、人脈づくりなど社員の副業が本業にもたらす効果に期待する企業も増えており、解禁の動きは加速しそうだ。

ただ、今回の取材のなかでも「すぐにメリットがあると思って副業をしているわけではない」という声も聞いた。一方で「ビールづくりや店舗運営を体験してみると、机上ではわからない衛生管理などの留意点がよくわかる」と本業との相乗効果を実感している市橋さんのような人もいる。

平日もロートでの勤務後にはビールの営業活動などに精を出す市橋さん。副業が企業と社員の双方に好影響を与えられるかどうかは、両者のやる気にかかっている。注いでくれたビールを味わいながら強く思った。

2 伊藤忠テクノソリューションズ

SEはブラックじゃない　小さなチームで迅速開発

開発手法を変え、残業削減

「きつい、厳しい、帰れない」――。慢性的な人手不足などから「3K」を指摘されてきたシステムエンジニア（SE）の間で働き方改革が広がりつつある。IT（情報技術）大手の伊藤忠テクノソリューションズ（CTC、東京・千代田）はテレワーク

生産性重視の開発手法で働き方も変革する

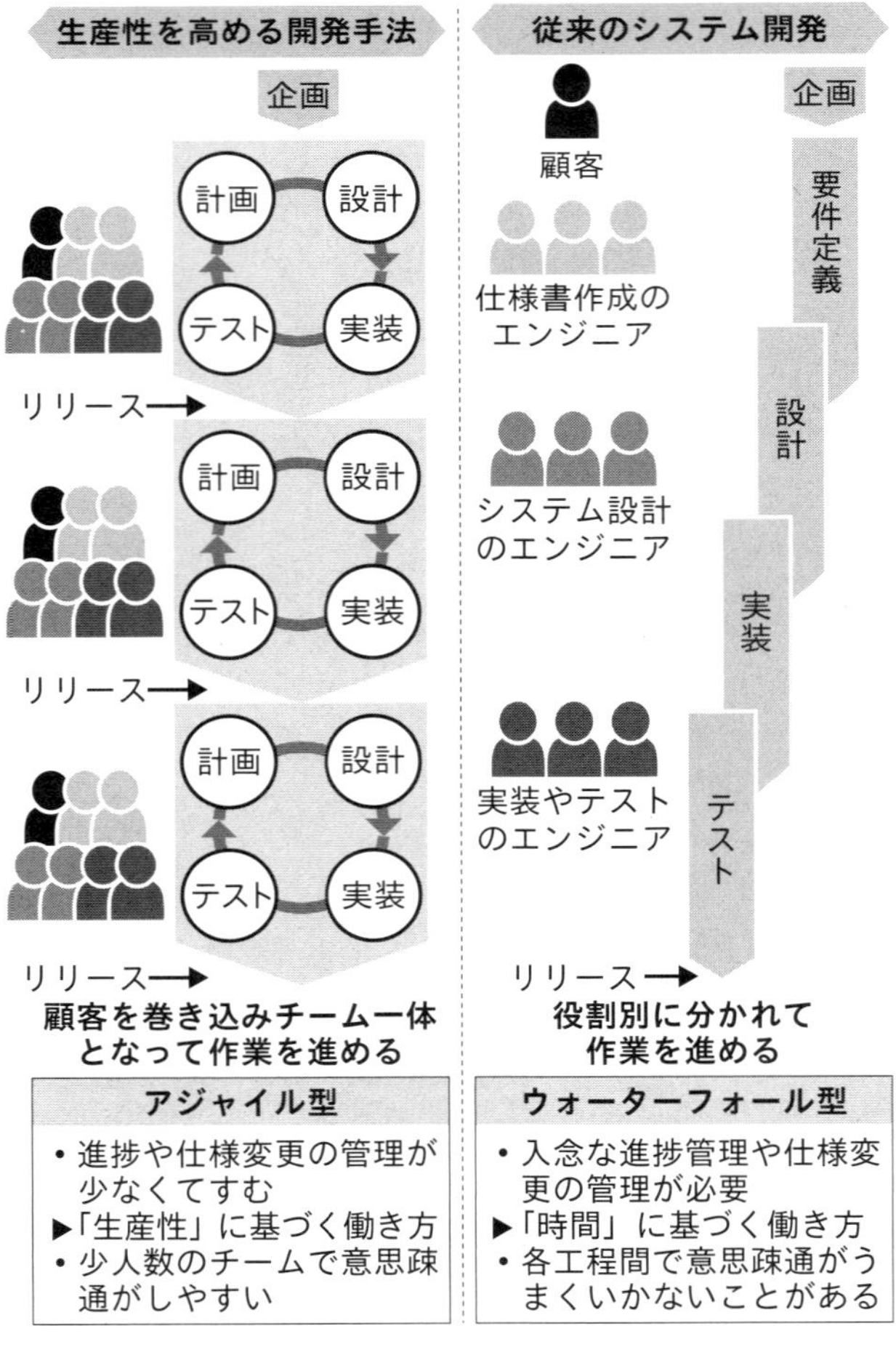
生産性を高める開発手法
企画
計画
設計
テスト
実装
リリース
計画
設計
テスト
実装
リリース
計画
設計
テスト
実装
リリース
顧客を巻き込みチーム一体となって作業を進める
アジャイル型
・進捗や仕様変更の管理が少なくてすむ
▶「生産性」に基づく働き方
・少人数のチームで意思疎通がしやすい
従来のシステム開発
顧客
企画
要件定義
仕様書作成のエンジニア
設計
システム設計のエンジニア
実装
実装やテストのエンジニア
テスト
リリース
役割別に分かれて作業を進める
ウォーターフォール型
・入念な進捗管理や仕様変更の管理が必要
▶「時間」に基づく働き方
・各工程間で意思疎通がうまくいかないことがある

ITエンジニア負荷軽減の3カ条

❶「生産性」を基軸とした開発手法
❷ 多様な働き方を受け入れる制度に
❸ 業界全体での取り組みが不可欠

推進などに加え、従来よりSEの負担が軽い開発手法の採用を拡大し、業務そのものの効率化に挑む。受注産業特有の仕事管理の難しさの克服を目指す現場を探った。

「家事を分担するようになって共働きの妻とのけんかがなくなり、娘と触れあう時間も増えました」。CTCで流通業向けのシステム開発に携わる神永雅晃さん（40）の表情は明るい。

神永さんの仕事は複数の開発プロジェクトをまとめる「プロデューサー」。各プロジェクトマネジャーの報告をもとに人員調整や助言などをする。仕事の領域は以前より広くなったが、逆に残業時間は減り、休日出勤もなくなった。

そんな神永さんもつい2年前までは進捗管理など

システム開発に付帯する作業に日々、追われていた。「午後10時には帰るようにしていたが、8時や9時まで残業するのは当たり前だった」。納期が近づくとタクシーでの帰宅や休日出勤も珍しくなかった。

働き方が劇的に変わったきっかけは開発手法の変更だった。日本のITシステムは「ウォーターフォール型」と呼ばれる開発手法が一般的だ。SEが顧客企業の要望をもとに仕様書を作成。その仕様書通りにシステムの設計や実装、テストの工程を進める。

企業の大規模システムの構築には適しているが、開発に時間がかかる。各工程のエンジニアが別々に作業をするため、入念な進捗管理も必要だ。メンバーの意思疎通がうまくいかずに開発が滞ることも少なくない。

一方で、ITシステムそのものを初めから大規模に構築するのではなく、最初は小さく作って必要な機能を加えていくといったクラウドコンピューティングが急速に台頭。CTCもこの考え方に合った開発手法として「アジャイル（迅速）型」を2016年に本格的に導入した。

顧客企業の担当者も一緒になった少人数のチームで短期間に「計画↓設計↓実装↓テスト」のサイクルを回す手法で、メンバー間の意思疎通がしやすく、進捗や仕様変更の管理も少ない。神永さんも同年にアジャイル型を採用したプロジェクトの担当となって環境が一変したという。

ＣＴＣは当初、クラウドコンピューティングへの対応と生産性向上のためにアジャイル型を取り入れたわけだが、結果的に現場の働き方改革につながっていた。18年7月にはアジャイル開発専用のワークスペースを設置。携わるエンジニアも18年度中に2倍の約２００人にする。

「働いた時間」より「生産性」が重要

神永さんは新手法を通じて「働いた時間」より「生産性」が重要なことを改めて実感した。「現場の負担を減らすためにも社内でもっと浸透させたい」という思いから、自主的な勉強会も開催。30人前後が参加するなど同僚らの関心も高い。

SEは慢性的な人手不足に加えて突発的な仕様変更などに伴う不安定な仕事量、業界の多重構造による低賃金などから「ブラック」と呼ばれることも多かった。その中でCTCなど大手は競い合うように働き方改革に取り組んできた。「イメージを向上させなければ優秀な人材が集まらない」（IT大手）という共通の危機感があるからだ。

CTCは13年に午後8時以降の残業を原則禁止。在宅勤務や始業・終業時間を選択できる「スライドワーク（時差出勤）」なども相次いで取り入れた。各社員が「～17時30分にカエル」「明日は朝型勤務」などと書かれたカードを自席に掲示する「働き方見える化カード」というユニークな取り組みもある。

超音波解析ソフトを担当する永野美貴さん（34）は産休・育休を2回取得。現在は時短勤務と在宅勤務を組み合わせて仕事と家庭を両立する。「在宅勤務や1時間単位の有休で浮いた時間を家事や買い物に当てて何とかこなしている」

企業向けの防災関連システム開発に携わる尹淳恵さん（33）は静岡県の自宅から約2時間かけて通勤する。17～18年に産休・育休を取得した後は、在宅勤務やスライドワークを組み合わせている。「職場の理解と協力もあって無理なく働き続けられている」

というように、ＣＴＣは女性への配慮も欠かさない。

開発手法や働き方の改革で、13年度に月19時間だったＣＴＣの平均残業時間は17年度には13時間に減った。ただ、このようなケースは業界では一部にすぎない。情報サービス産業協会の調べではＩＴエンジニアの17年の年間残業時間は平均２７７時間と、ＣＴＣより８割近く多い。

CTCが導入している
「働き方見える化」カード

システム開発は建設業のように大手が元請けとなり、細かい作業を中堅・中小が請け負う多重構造だ。しわ寄せが発生しやすい中堅・中小の労働環境はなかなか改善されにくいのが実情だ。

それでも大手が中堅・中小に自社の働き方改革の手法を公開したり、顧客企業に配慮を求めたりと業界全体を変えようという機運が広がりつつある。

SEの「ホワイト化」に向けた課題解決には、企業の枠を越えた努力も必要といえそうだ。

伊藤忠、朝型勤務などで先行　改革はグループに拡大

CTCの親会社である伊藤忠商事は働き方改革の先進企業として知られる。岡藤正広会長CEO（最高経営責任者）の号令で、13年には深夜残業を減らすために朝型勤務制度を導入。朝に働く場合は深夜と同様の割増賃金を支払い、朝食の無料提供も始めた。結果として月平均の残業時間は15％減少し、残業手当も10％減った。

このほかにも、発想を柔軟にするための「脱スーツデー」も開始。18年度にはがんとの共生を進め、治療への取り組みを賞与に反映する。一連の改革の動きはグループ各社にも広がりつつある。グループの人事総務担当者を対象とした協議会を毎年開いて伊藤忠の改革を紹介しており、18年9月には約100社が参加した。現在では朝型勤務などの施策はエネルギー関連の伊藤忠エネクスなど30社が導入している。

ただ、小売業からインフラ関連、不動産などグループの事業内容は多岐にわたり、勤務形態も様々だ。伊藤忠の改革をそのまま広げるのではなく、問い合わせがあったグループ会社ごとに実態に合った導入を支援する。最近では、がんとの両立支援を紹介するケースが多いという。

ＣＴＣはグループの中でも「働き方改革が非常に進んでいる」と伊藤忠人事・総務部の三沢寛人さんは話す。18年3月期に連結4003億円の利益を出した伊藤忠だが、ＣＴＣはこのうち136億円を稼ぎ出した中核企業。働き方改革を通じて優秀な人材を集め、一段の成長が期待されている。

3 味の素

工場の仕事も在宅勤務 24時間3交代を実現

7時間労働へ「全員参加」で

1日7時間労働の2020年度での実現を目指している味の素（東京・中央）。本社・支社だけでなく、製造現場なども含めた全社一体の働き方改革を進めている。なかでも24時間止まることがない工場の従業員の勤務をどう変えていくかは大きな課題だ。工場勤務者の在宅勤務など従来にはない発想で改革に挑む同社の全国の拠点を訪ねた。

「思っていたより簡単にメンバーとコミュニケーションがとれました」。主力製造拠点である川崎事業所で生産監視や機器のメンテナンスなどを担当する岩舘祐貴さん（30）は、2017年秋の初めての在宅勤務体験を振り返る。他の業務の依頼が舞い込むこともなく、「資料作成に集中できて作業もはかどった」。パソコンを使ってテレビ会議にも参加した。

絶え間なく生産が続く工場は現場でのシフト勤務などが多く、働き方が固定されがちだ。しかし、「実は資料作成などの機会も多い」と山本行史さん（42）は話す。例えば在庫や原料などの棚卸し作業。月末に在庫を確認するのは工場にいなければできないが、システムに数量を入力するのは自宅でもできる。

ほかにも、週報や月報、作業マニュアルの作成など書類作成業務は思いのほか多い。岩舘さんや山本さんが所属する調味料素材課では、在宅で可能な作業を洗い出し、一部の社員は事業所に来なくて良い日をつくった。工場勤務者は職場でなければ仕事が

九州事業所工務・原動グループの7時間勤務を見据えた働き方改革

現行の3直体制
所定労働時間7時間15分＋休憩1時間＝8時間15分

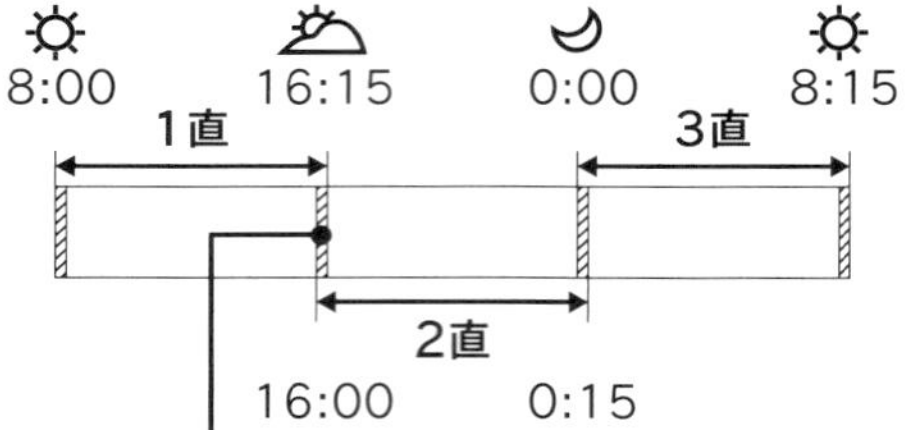

労働時間短縮
引き継ぎ・申し送りによる勤務時間（15分）のかぶり防止

2020年度の3直体制
所定労働時間7時間＋休憩1時間＝8時間

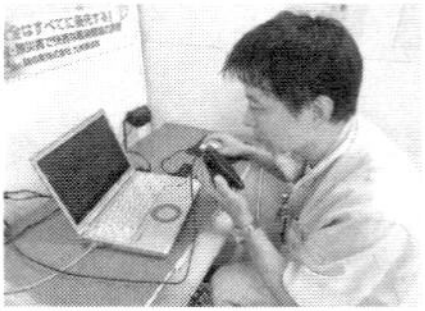

申し送り事項を
空き時間に録音

勤務開始時に情報を
視聴（報告者は不在）

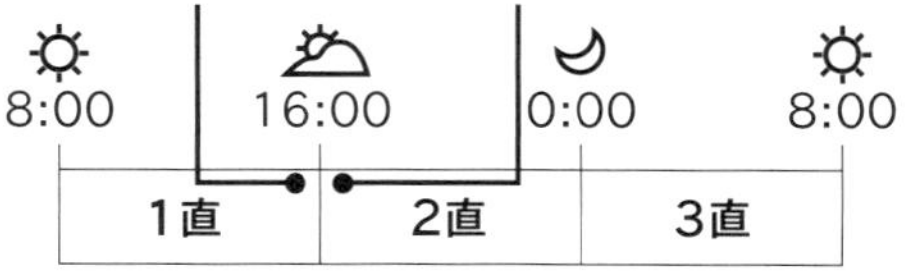

できないという常識への挑戦だ。

シフトの時間に縛られない働き方も模索する。同課がつくる製品は様々な工程があり、原料投入から製品になるまで約1カ月かかる。シフトや担当に縛られているとトラブル時などに一部の人に負担が偏り、残業などにつながることがある。

課員のマルチスキル化進める

そこで課員のマルチスキル化を進めた。主力製造機器で約50項目、日々の業務で約70項目にのぼる技術を約20人全員が身につけた。各自の仕事の進捗状況も共有。複数の人が勤務している時間帯であれば、監視業務などを任せれば一部の人は早く帰宅することも可能になった。

味の素は「全員参加」を働き方改革の原則に据える。「外勤者や海外担当など一部を対象にして始めるから失敗する」と西井孝明社長（58）は言い切る。「仕事はすべてがつながっており、一部が先行しても他の部署がついていけなければ意味がない」

工場勤務効率化の3カ条

❶ 業務スキルを皆が共有
❷ ICTを積極活用
❸ 引き継ぎも効率的に

所定労働時間を現在より15分短い7時間にするための取り組みも同様だ。「工場もライン業務だけが仕事ではない。会議などの時間をどう効率化するかが働き方改革のカギを握る」という西井社長の考えを率先して実践してきた九州事業所（佐賀市）も訪ねた。

「この装置は修理して間もないので、引き続き入念な点検をお願いします」。設備管理を統括する工務・原動グループの申し送り現場では、これから勤務する人たちが、資料が映し出されたモニターをみつめ、スピーカーの声に耳を傾ける。

申し送りは多くの生産現場で作業員の交代時に行われている。勤務を終えた担当者が次のシフトに入る人に注意点などを伝える。しかし、同グループの申し送りには勤務中の経過を説明する人はいない。24時間稼働の工場は3交代制であれば8時間勤務が普通だ。休憩時間を1時間とすると、計算上は7時間勤務が成り立つ。しかし、申し送りなどの時間を考慮するとそう簡単にはいかない。

引き継ぎを録音

そこで活用したのが録音だ。担当者は勤務時間が終わりに近づくと申し送り事項をマイクでふき込む。ちょっとした空き時間をうまく活用することで負担を抑える。グループ長の鴨志田佳正さん（41）は「慣れれば伝えるべきポイントもわかってくる」と話す。こういった工夫を続けることにより、同グループの17年度の総実労働時間は1人あたり1730時間と、16年度より110時間も減った。

九州事業所は15年度の1人平均の残業時間が313時間と、本・支社や研究所を含めた国内9拠点で唯一300時間を超えていた。「一時的に改善はするが、取り組み

マイクで機器の状況をふき込むことで、スマホに自動的に入力されるシステムを取り入れた（川崎事業所）

を継続できなかった」と製造部長の梅田卓嗣さん（55）は振り返る。不名誉な状態を解消できなければ、工場の存在意義そのものが問われる。梅田さんらは地道に従業員の意識改革を進めた。

「少し前まで午後8～9時の退社があたりまえだった。今はどんなに遅くても午後6時を回ることはない」と発酵・バイオ素材係の大石隆広さん（44）は話す。17年度の九州事業所の残業時間は229時間に減少。味の素が新しい生産技術を導入する工場の一つに生まれ変わった。

改革に向けてＩＣＴ（情報通信技術）も積極活用する。「異音・異臭なし」――。川崎事業所では従業員がマイクつきのイヤホンとスマートフォンを使って設備を点検していた。点検結果を紙に書くのではなく、スマホに話した内容を自動的に記録することで作業員の負担を軽くする。

味の素は労働時間の削減と並行して待遇改善も進めている。17年4月には従業員の月額給与を一律1万円引き上げた。残業削減で減った分の給与をカバーする狙いだ。改革が人件費削減にあると従業員が感じたら、現場は主体的に動かない。

同社の工場の実情を見て勤務する人たちの声を聞いた。そして、小さいようにも感じる改善の積み重ねが結局は現場の改革につながることを実感した。

第4部

外国人材と共に

本格的な少子高齢化社会を目前に控え、外国人材の受け入れ拡大に関する議論が活発になっている。優秀なグローバル人材の獲得競争で後れを取っているとされる日本企業も、ダイバーシティーの推進など巻き返しに懸命だ。職場の活性化にもつながる優秀な外国人材を確保し、活躍してもらうにはどうすればいいのか。「働き方探検隊」の第４部では、外国人材とともに成長を目指す企業の現場を追った。

1　安田精機製作所／メルカリ／吉田鋼業／テックファーム／シスメックス

新人争奪戦、世界が舞台
職場に多様性、発想変える

採用は韓国で

２０１８年1月、安田精機製作所の安田陽太取締役（42）は厳寒の韓国・ソウルを訪れた。兵庫県西宮市に本社がある同社の年商は約10億円。業績は堅調だが、大手企業などに比べた知名度などの問題もあって、国内では思うように人材が集まらない。

世界から集まる人材が成長の原動力に

韓国で開いた説明会　韓国人エンジニアの李さん

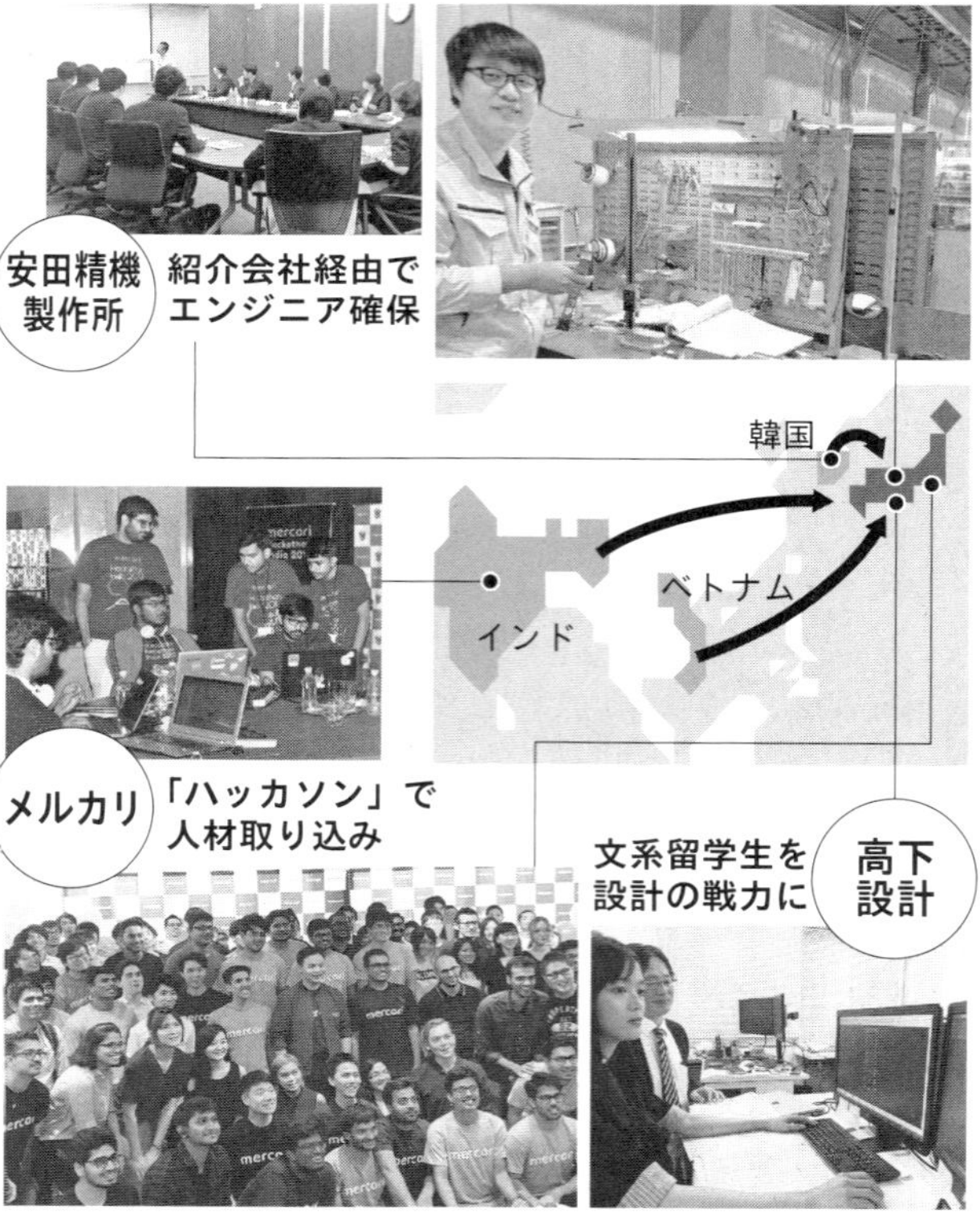

2018年10月1日入社の新卒社員の大半は
インド人だった（東京都港区の本社）

フェンさん

そこで安田氏が思い立ったのが韓国での採用活動だった。

日本ではいくら力を入れても社員を1人採用するのにさえ苦労していた。「1人か2人採れれば御の字かな」。半信半疑だった安田氏だが、面接会場に足を踏み入れると良い意味で予想は裏切られた。

「私のスキルを生かせば御社の成長に貢献できます」「将来的に御社の韓国での業務に携わりたい」――。日本での面接では聞いたことがないほど前向きな自己PRと具体的なビジョンが次々と飛び出してきた。

多くの人たちが韓国語や英語はもちろん、日本語能力も十分に満たしていた。結局5人の採用を決めたが、「もう2人ほど欲しい人材がいた」。

安田精機製作所は1955年創業。従業員は約70人で、プラスチックやゴムなど様々な製品の試験機器を製造している。海外での販売などが好調で、17年には西宮市の工場を増設した。韓国など海外販路のさらなる拡大のためにも、「十分な語学力を持つ人材が必要だった」（安田氏）。

一方、韓国では若者の就職難が深刻なうえ、企業は即戦力を求める傾向が強い。社員教育に熱心な日本で自分のスキルを磨くのは韓国の学生にとって現実的な選択肢といえる。

1月の面接を経て同年4月に入社した金守志さん（24）は、営業担当として先輩たちから指導を受ける毎日だ。「せっかく学んだ日本語が韓国では生かし切れない」と、長期的に日本で営業職を続けたいと考えている。一方、エンジニアとして入社した李官熙さん（27）は「幅広い知識や技術を習得したかった」と日本企業を就職先に選んだ理由を話してくれた。

人材紹介会社が手助け

同社を韓国での採用活動に踏み切らせた大きなきっかけが、人材紹介のネオキャリアが手掛けるサービスだ。日本での就職を望んでいる現地の学生らの日本語能力や希望する業界・職種などを事前に確認。依頼企業の採用意向に合った学生との面接を用意する。

外国人採用の3カ条

❶ 給与などの条件は日本人と同等以上に

❷ 業務内容は丁寧に説明

❸ インターンシップなど間口を広く

企業は日本人と同等かそれ以上の待遇や一定人数以上の採用が必要だが、大学などとパイプをつくったり、採用担当者が何度も海外に赴いたりする手間がいらない。

理系人材の場合、内定者1人あたり80万〜120万円の費用がかかるものの、内定を辞退したら全額返金される。安田氏は「国内で採用広告を出してもなかなか人は集まらない。ハングリーで語学能力も身につけた海外人材を確保できるサービスは魅力的」と話す。

日本国内での採用が圧倒的な売り手市場になっていることに加え、中小企業でも海外展開を見据えて語学力のある人材を求める傾向は強い。

ネオキャリアがこのサービスを始めて約2年。問い合わせは急速に増えており、「今では月に30社ほどの海外面接をコーディネートしている」という。中小だけでなく大手企業からも依頼が舞い込む。同社は今後も業種・分野を問わず外国人材の需要は伸びるとみており、海外で自ら日本語学校を開設するなど人材の供給体制の整備にも力を入れる。

新卒50人のうち44人が外国籍

「メルカリにとって大きな一日です」。18年10月1日、フリーマーケットアプリ、メルカリ（東京・港）の山田進太郎会長兼CEO（41）は、東京都内で50人の新卒社員たちにこう呼びかけた。新卒社員のうち44人がインドなど外国籍。メルカリが「ハッカソン」と呼ばれる開発アイデアを競うイベントをインドで開催したことがきっかけとなり、インド人材とのパイプができた。

新卒社員にはインド工科大学など現地の名門大学出身者も多い。同大卒でソフトウエアエンジニアとして入社したサヒル・リシさん（22）は「インターンにも参加し、機械学習などすごくおもしろいことをやっている」とメルカリを選んだ理由を説明する。メルカリ側も急増する外国人材が日本や会社になじんで働きやすいように、様々な社内体制の整備を進める。

東大阪市の中堅鉄鋼会社、吉田鋼業はベトナム人材の活用に積極的だ。そのホープの一人がベトナムからの留学生だったレ・ティ・タイン・フェンさん（25）。現在はグループの高下設計に出向しており、設計図から3次元の図面をつくりあげていくソフトを難なく使いこなす。

フェンさんは大学では経済を学んだが、設計の知識や経験はほとんどなかった。しかし、日本の文化やサブカルチャーに興味を持ち、日本で働きたいという強い思いから日本に留学し、吉田鋼業を就職先に選んだ。

「日本人でも戦力になるまで3年以上はかかる」と高下設計の若山雅史社長（57）が話すほど難しい業務にもくらいついて、スキルを貪欲に吸収。まだ入社から1年半ほどだが、着実に戦力として成長しつつある。

「通信インフラがこれだけ整備されれば、海外でも仕事はできる。日本人にこだわる必要はない」。吉田鋼業の吉田浩一副社長（49）もフェンさんの成長を見ながら、ベトナムでの設計会社立ち上げに動き始めようと準備に入った。

社長自ら米で説明会

多くの企業が外国人材を求めるのは人手不足だけが理由ではない。ジャスダック上場のソフトウエア会社、テックファームホールディングス（東京・新宿）は17年からグローバル採用に大きくカジを切った。日本の大学などに留学している外国人学生向けの採用イベントを開くほか、米国やアジアで企業説明会に参加する。「ＩＴニーズは多様化している。様々な考えを持つ人をそろえないと、ソリューション力を高めることができない」。同社の永守秀章社長兼最高経営責任者（ＣＥＯ、47）は強調する。

外国籍の社員は全体の約1割にあたる20人まで増えた。ただ、最近では「海外の採用イベントに参加するライバル企業がぐっと増えてきた」（永守氏）。そこで今年から本格的に力を入れるのが、経営トップが米国の大学を巡って自社説明会を開く〝キャラバン〟だ。

サンフランシスコ州立大学など5校のキャリアセンターなどと連携。18年春以降だけでも4校を訪問し、同社単独の企業説明会を開いた。農業からカジノ施設向けのソフト開発まで幅広い仕事に携われることなどをアピール。「18年11月初旬のカリフォルニア大学サンタバーバラ校の説明会には40人くらいが集まった」と手応えを感じている。

外国人材が働きやすいように社内の環境整備も進める。10月に入社した新卒社員向けの研修では初めて地震体験を組み込んだ。日本から遠く離れた出身国の社員もいるため、長期の休暇を取れる時期を夏季だけでなく通年に見直す検討も始めた。給与面も「これまでのように一律ではなく、能力に応じて差を付けるようにした」。

インドや中国からインターン

血液検査機器大手のシスメックス（兵庫・神戸）も、インド工科大学や中国の清華大学などからインターンの学生を受け入れる。新卒採用者の2割ほどが外国人だ。特にインド工科大からは毎年4～5人程度を採用するなど太いパイプを築く。インターン生による口コミで、企業の評判が広まることも視野に入れる。

「数学に非常に強く、レベルの高い人材が集まる」と家次恒会長兼社長（69）は外国人社員に大きな期待を寄せる。最近ではフィンランドでの採用活動も始めた。シスメックスの狙う市場は全世界、人材獲得の対象も同じだ。遺伝子解析やITなど専門性の高い分野ほど、幅広い国からの人材を集めることで、新たな発想につながる化学反応も期待できるとみる。

留学生の日本での就職事情などに詳しい武蔵野大学グローバル学部の島田徳子教授（52）は「外国人は日本人以上に将来のキャリアアップに向けたステップに注目する」と指摘。「どのような仕事を任せるかを日本人以上にきちんと伝える必要がある。インターンなどの機会ももっと増やすべきだ」と話す。

外国人材にとって一部のグローバル企業を除けば、中小も大手も横一線。働きがいや自らのキャリアパスが明確に描ける企業であれば、争奪戦では対等に勝負できる。全世界を見据えた人材争奪戦は熱を帯びるばかりだ。

＊＊＊

外国人材の受け入れ拡大に向けた動きが加速している。政府は新たな在留資格の設定などに動くが、優秀な人材をさらに呼び込むには日本企業の賃金や雇用体系の変革なども欠かせない。外国人と共に働き、企業が成長するための課題を識者に聞いた。

待遇やキャリアプランの考慮を

フォースバレー・コンシェルジュ社長
柴崎洋平 氏

――アジアを中心に現地の大学を卒業した優秀な外国人を日本企業へ橋渡しするビジネスを手がけています。

「世界から外国人労働者を積極的に受け入れているのは今や日本と中東、カナダくらいだ。特に日本は世界では珍しく、就労経験の浅い新卒での採用に大きく門戸を開いている。欧米などで就労ビザの取得が難しくなっていると言われるなか、日本企業にとって若い優秀な人材を採用する大きなチャンスだ」

「基本的に日本より1人あたりの国内総生産（ＧＤＰ）が小さく、学生が日本の技術や文化へ親しみがあるほど日本で働きたいという傾向が強まる。例えばベトナムやフィリピンなどだ。ただIT（情報技術）エンジニアなどはアジアの国でも日本の平均賃金を上回るケースもあり、採用には相応の待遇やキャリアプランの提示が必要だ」

――優秀な外国人材を採用しても早期に離職してしまうケースが珍しくありません。

「日本企業で働く外国人は2つのタイプに分かれる。一つは年功序列のような日本の働き方や昇進方法に理解があって順応できる人。もう一つは日本に限らずそこで働くインセンティブに期待する実力主義に近い考え方の人たちだ。今後増えるのは後者だろう」

「専門性の高い技術職を除き、日本企業の多くは総合職の採用が中心だ。配属先や業務内容が不透明なため、実力主義の外国人とのミスマッチの原因になる。採用面接時にどのようなキャリアプランを望んでいるのか、企業が実際に希望に沿うようなキャリアを提供できるのかをお互いに確認する必要がある」

――企業の求める日本語能力も課題です。

「日本企業も英語を公用語とする動きが広がったが、結果的にはあまり浸透していない。日本企業が変わらない理由は、国内の大学から継続的に採用できるため、英語公用語の必要性に迫られていないからだ。結果的に外国人材に一定水準の日本語能力を求めることがハードルになっている。

「当社はベトナムやネパールなどで自前の日本語学校を運営している。今後は東南アジアよりさらに西や南の地域からの採用も増えると見ているが、どんどん漢字圏から離れていくことになる。選考段階から高い日本語能力を設けなくとも、大卒レベルの優秀な人材ならば、採用決定後に新たに日本語を学び始めても要領よく学べるはずだ」

難しい日本流就活、「ガラスの天井」も

——上智大学は留学生が多いことでも知られています。

上智大学副学長
久田満 氏

「学部と大学院の約1万4000人の学生のうち、正規の留学生が約1000人いるほか、短期の交換留学生も多く学んでいる。感覚としては約半数の留学生が日本での就職を希望しているが、就職活動がうまくいかず、母国のほか香港やシンガポールで就職する学生もいる」

「入学時点である程度の日本語能力を求めているが、学内では英語だけで生活して卒業できるコースも設けた。ただ、就職時には企業からビジネスレベルの日本語能力を求められ、留学生にとって障壁になっている。留学生は大手志向が強いが、人気企業ほどネイティブレベルの日本語を求められがちだ」

——留学生が日本で就職する際の課題は何でしょうか。

「日本企業は総合職の一括採用が中心で、キャリアプランが不透明なことも就職を阻む要因だ。エントリーシートも希望職種を伝える職務記述書がないのは日本ぐらいだと言われる。自分が何の仕事を任されるかわからなければ、不安になるのは当然だろう」

「留学生はどうしても就活の動き出しが遅い。母国では卒業後に就活するのが当たり前という感覚が強い。日本語での講義など学業が日本人以上に大変という背景もある。就活が順調だった留学生は日本人学生の友人が多い印象だ。就活の情報や日本人の精神性への理解が進んでいるようだ」

「上智では外国人留学生を対象とした就職支援プログラムを提供している。春には日本の就活についての概説的な授業を開く。秋には自己分析や面接対策のほか、日本人学生と一緒に日本語でグループ面接の対策講座も経験してもらっている。発言で目立つだけでなく、空気を読みながら調和する日本独特の進め方は留学生には難しいかもしれない」

——外国人は日本企業に就職しても定着率が低いと言われています。

「会議以外のところで物事が決まっていくように、表と裏があるのは日本ならではだろう。口ではダイバーシティー推進と言っていても、外国人社員にも語学や文化の面で日本人と同様の役割を求めているのではないか。上司の理解という要因も大きく、疎外感を抱かせないように、上司が外国人社員が安心できる『居場所』を作ってあげる気配りも欠かせない」

「日本は依然として長期雇用が前提であり、昇進スピードが遅い文化は根強い。外国人にとってはもどかしく感じて、離職することもある。『外国人』ということによる『ガラスの天井』もあるのではないか」

2 日本特殊陶業／コニカミノルタ

バディ役で離職を防ぐ 同期が公私ともに世話

優秀な外国人材を採用しても、会社に定着して活躍してもらうのは簡単なことではない。日本独特の生活習慣や商慣行、社内の人間関係など様々な壁が立ちはだかる。どうすれば外国人が働きやすい職場をつくれるのか。試行を続ける現場を訪ねた。

海難救助の現場で活躍する海上保安官を描いた人気映画『海猿』。このドラマに登場するのが「バディ（相棒）」だ。二人一組となってお互いに助け合いながら事故を

外国人社員の独り立ちをバディがサポートする

新人歓迎パーティーで
あいさつするカミュさん

カミュ・アレクシさん(24)
フランス出身。仏オルレアン大学で言語学を専攻し、英語と日本語を学んだ。卒業後の2018年4月に日本特殊陶業に入社。現在は海外販売店の営業管理などを担当する

入社

4人の外国人が入社した

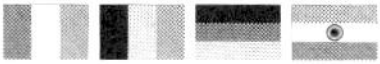

研修

4～5月の研修期間は同じ新卒の日本人がバディとして日本での生活をサポート

シェアハウス

新卒社員は全員がシェアハウスで1年間同居。
外国人社員とバディが同室に

先輩社員を含め外国人社員だけ集めたプロジェクトで交流を深める

配属

配属後は先輩社員がメンターとして付く

外国人プロジェクト

独り立ち

防ぐ。日本特殊陶業はこの仕組みを参考にして新卒の外国人社員を育成している。

生活習慣を教える

「ようこそいらっしゃいました。本日はよろしくお願いします」。愛知県名古屋市内にある同社の本社を訪ねると、２０１８年４月に入社したフランス出身のカミュ・アレクシさん（24）が流ちょうな日本語で出迎えてくれた。フランスのオルレアン大学では言語学を専攻し、日本語と英語を学んだ。

日本特殊陶業は自動車用点火プラグの世界最大手。カミュさんも現在は自動車営業本部の企画管理課に所属。語学力を生かして海外拠点とのやり取りを任されている。日本への留学経験があり、すっかり仕事にも慣れたように見える。「まだまだです」と謙遜する姿も〝日本風〟だ。

そんなカミュさんだが、入社直後には様々な戸惑いがあった。新人研修では敬語の使い方やビジネスマナーなど日本の企業文化を日本人の新卒社員と一緒に学んだが、

外国人材の定着への3カ条

❶ 研修や業務中、孤独にさせない
❷ 仕事以外の生活面も面倒をみる
❸ 外国人社員同士の交流も図る

内容を理解できないこともたびたび。助けたのが「バディ」だった。

バディ制度は17年4月入社の新卒外国人から採用した。英語力などを勘案して同期入社の日本人の新卒社員から選ばれたバディたちは、4〜5月の研修期間中は外国人社員と一緒に行動する。研修時間は隣に座り、わからない日本語などを教える。新入社員が全員入居するシェアハウスでも一緒の部屋で過ごし、日本の生活習慣などを伝える。

18年春の外国人の新卒社員は4人。カミュさんのほか、ベルギーとドイツ、インドの4カ国出身で、いずれも出身国の大学を卒業したばかりだ。18年春からは英語力に関係なく日本人の新卒社員からバディを「公募」したところ、予想を上回る13人が手を挙げた。外国人1人に3〜4人が交代でバディを務めた。

外国人の中では日本語が得意なカミュさんも「研修中はわからない言葉をノートに書き留めてバディに意味を聞いた」。質問する際にも「同期なので気軽なうえ、バディが決まっているので誰に聞くかを悩まなくてすんだ」と笑顔で振り返る。終業後もシェアハウスなどで研修内容の理解度を質問形式でチェックしてくれたという。

一方、カミュさんのバディの一人である榊原浩志さん（23）は「3人のバディの誰かが必ずサポートするよう気を配った」という。カミュさんも「銀行口座を開くための書類の書き方など慣れないことも細かく教えてくれた」と話す。

カミュさんと同じ18年春入社でドイツ出身の女性のバディとなった日本人社員の一人は、「遅刻しないように一緒に出社したり、手巻き寿司の作り方を教えたりした」。研修中はドイツ人女性が聞き取れなかった連絡事項をゆっくり復唱して伝えたという。

電車の乗り方やレストランのメニューまで

17年4月入社でインド出身のメノン・カルティカ・モハンダスさん（24）もバディに世話になったことを忘れない。「日本に来たのは初めてで何もわからなかった。バディにすべて教わった。週末はバディの実家で家族にもお世話になった」。電車やバスの乗り方、どこで何が売っているのか、レストランのメニュー内容や支払い方法など様々なことをバディが教えてくれたそうだ。

バディ制度は外国人だけに役立つのではない。日本特殊陶業は海外売上高比率が80％を超えており、「海外で活躍したい」という日本人の新卒社員も多い。榊原さんもその一人だ。バディの体験を通して外国人社員から良い刺激を受けたという。「海外からわざわざ日本企業に就職しているだけあってとても勤勉。英語で話す機会も多くなり、英語を学ぶモチベーションが上がった」

国際企業の同社だが、国内拠点の総合職はほぼすべてが日本人。今後の成長に向けて人材面での国際化は不可欠だ。ダイバーシティーを進めるためにも、アジアや欧州を中心に海外大学での新卒採用活動を積極的に展開している。

離職者がゼロに

外国人社員の採用活動にあたっては、日本語の高い能力は問わない方針。しかし、過去に採用した人の中には職場になじめずに辞めてしまうケースもあった。「優秀な新卒社員だったが日本語は得意ではなく、最初の研修で出遅れてしまった。配属後も残念ながらうまく部署に溶け込めなかった」（人財開発課研修グループの小灘隆弘副主管）。

18年の研修でも日本語の資料を読み込む負担を抱えて悩んでいる外国人がいた。しかし、バディらがその状況に気付いて研修担当者に相談。「研修内容の改善にもつながった」（小灘氏）。バディ制度を導入した17年春以降は離職した外国人は出ていない。

制度としてのバディは研修期間だけだが、人間関係はその後も続く。日本人、外国人ともに新入社員は1年間、シェアハウスで共同生活する。職場の人間関係について

「厳しい口調だが目はおだやか。あれは本音なのか建前なのか」といったやり取りが飛び交う。カミュさんは「いざとなればバディが助けてくれるという安心感が心の大きな支えになっている」と話す。

外国人社員の定着に向けた試みはこれだけではない。18年からは新卒以外の外国人社員も集め、働き方のアイデアを出してもらうプロジェクトも始めた。小灘氏は「日本人が支えるバディ制度と並行して外国人同士の交流の機会を作ることで疎外感を和らげ、組織に溶け込みやすくしていきたい」と力を込める。

外国人一括配属で孤立を防ぐ

日本人社員が外国人社員の定着を支援するだけでなく、外国人同士のつながりを深めることなどで離職を抑えようと試みている現場も訪ねた。東京都八王子市にあるコニカミノルタの研究開発拠点「東京サイト八王子」だ。世界有数の理系大学として知られるインド工科大学（ＩＩＴ）の出身者が約10人在籍している。

同社は売り手市場が鮮明になった日本ではIT（情報技術）人材が採りづらくなったこともあり、14年からIITでの現地採用を始めた。採用にあたって日本語能力は問わない。それだけに、日本では英語でのコミュニケーションが中心になり、対応力が問われることになる。

そこで考え出したのが八王子での一括受け入れだ。英語だけでも業務に支障が出ないIT関連部署を受け入れ先に選定。なかでも日本人社員の多くが英語を話せるシステム制御開発センターなどを選んだ。

同センターの本門慎一郎担当部長は「これまでは様々な拠点に分かれて外国人社員を配属していたが、孤立してしまうケースもあった」と話す。そのうえで、IIT出身者を集中配属するにあたっては「インド駐在経験者からのヒアリングで業績評価の方法や開発の進め方に違いがあることがわかり、インド文化に関する勉強会を開くなど受け入れ体制を整備した」という。

メンターの先輩社員が相談役に

メンターの先輩社員は1日おきに1時間程度の時間をかけてインド人社員と話し合い、仕事だけでなく生活面の相談にものる。技術マニュアルや社内文書などの大半も英語版を用意した。今年からはインド人の先輩社員もメンターになった。

英語や生活面だけではない。研修内容や仕事の進め方でも「インド流」が必要になるという。「IIT出身者は大学でも様々なプロジェクトに携わるなど実務を徹底的にトレーニングされている。それだけに、入社後も開発スピードが速いプロジェクトを担当させて能力を発揮させる必要がある」(本門氏)

同社では通常、新卒1年目の社員は半年間にわたる研修を受ける。ただ、IIT卒業生にとっては簡単すぎる内容のものもあり、「長くて無駄だ」との声も出ていた。そこで、18年10月に採用した4人のIIT卒業生はこの研修の対象から外した。その代わりに2つの部署で実務研修し、どちらか希望する部署に配属して即戦力として働いてもらうようにした。

新人のアトゥル・ゴタムさん（23）は「まだ入社から1カ月余りだが、仕事を理解したうえで希望した部署に決まった。開発を担当しており、日々学びがあってとても満足している」という。仕事面以外でも慣れない日本での生活などを先輩社員にサポートしてもらっていると話す。

能力の高い新卒社員には実践的なプロジェクトを担当させ技能向上を図る。そうしないと仕事に対するモチベーションが下がり、離職につながりかねない。時間をかけて合意形成し、長期間にわたりプロジェクトを進めるという日本的な仕事の進め方を変える必要も出てくる。

これは外国人だけでなく日本人の新卒社員にあてはまることも多い。コニカミノルタは即戦力になる日本人の新人に対しても、研修や配属を見直していく方針だ。

（コラム）留学生採用　離職も多く――「キャリアパス描けず」27％

外国人材を積極採用する動きは大手企業だけでなく中小にも広がりつつある。ただ、日本人の新卒社員の定着に頭を悩ませる企業も少なくないのと同様に、外国人の離職防止は大きな課題だ。外国人社員は日本人以上に将来のキャリアパスなどを気にする人も多いとされ、従来型の採用・育成手法の見直しも迫られている。

就職情報大手のマイナビがまとめた17年卒の外国人留学生の採用状況調査（有効回答429社）によると、予定を含めて外国人留学生を採用した企業は18・2％だった。これまでに採用した外国人留学生の入社後の状況としては「予想以上に活躍している」「十分に活躍している」という回答が44・5％と半数近くを占め、重要な戦力になっていることもわかった。

ただ、採用した外国人留学生が離職してしまうことも少なくない。入社後の離職状況について聞いたところ、回答した163社のうち47・8％が入社後5年未満で離職したケースがあった。

コニカミノルタはインド工科大学出身の新卒社員を「東京サイト八王子」に集めている

企業側が見た離職理由としては「キャリアパスが描けていなさそうだった」が27・2%で最も多く、次に「職種がミスマッチしていた」「会社の雰囲気になじんでいなかった」「自分の役割が分からず、何を期待されているか理解できない」の順だった。「給与・福利厚生が見合わない」と待遇面について回答したのは9・6%にとどまった。

一方、外国人材の定着に向けた採用後のフォロー施策を複数回答で聞いたところ、「マナー研修」が45・9%で最も多く、「定期的なフォロー会」「受け入れ部署への研修」などが続いた。

外国人留学生の離職理由の多くはミスマッチ

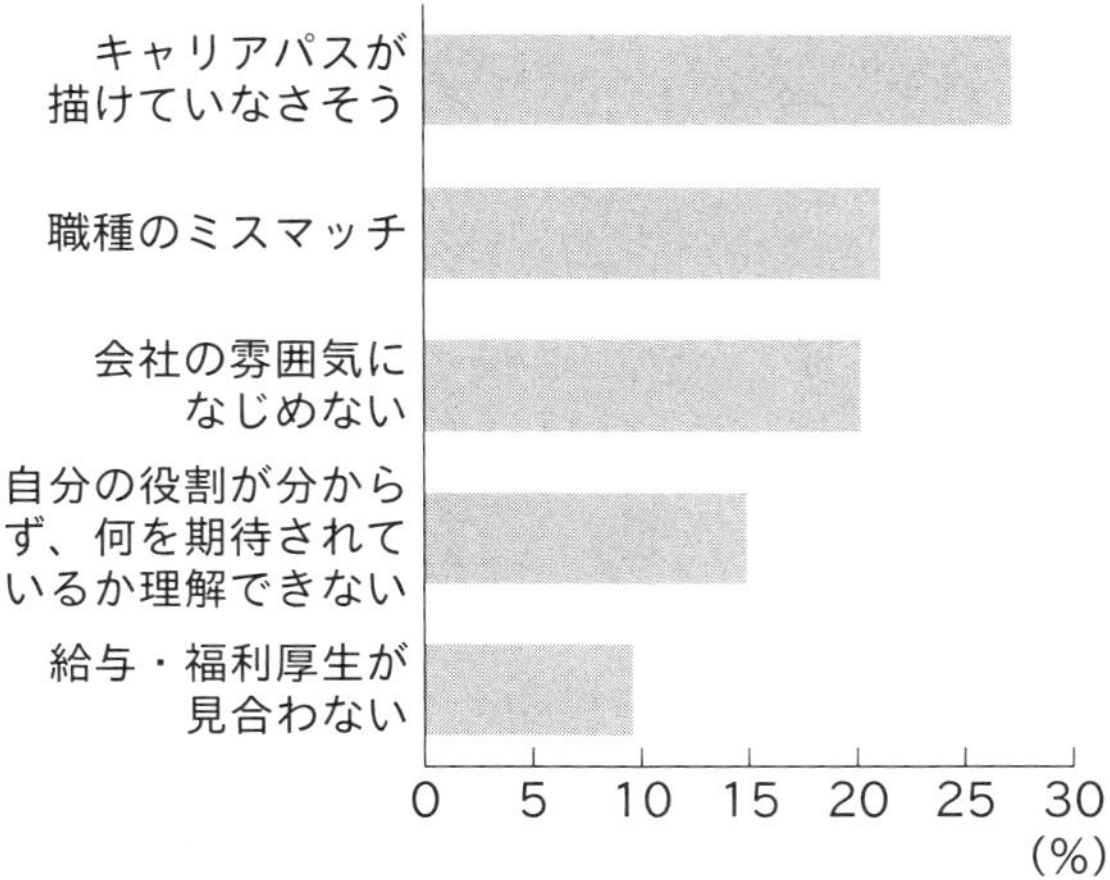

（注）　マイナビ調査。企業から見た離職理由、複数回答

今後の外国人留学生の採用予定としては、「積極的に採用したい」は13・2％にとどまったが、「いい人がいれば採用する」は76・4％に達しており、大手企業を中心に前向きな姿勢が目立った。

3 ウォーブンテクノロジーズ／KNT－CTグローバルトラベル

祝日出勤で長期休暇 オフィスに礼拝室

日本の祝日、よく知らない

生まれ育った文化や慣習、宗教などが異なれば、働き方に関する考え方も違っていて当然だ。外国人材と一緒に働くなかで、その違いが思わぬあつれきにつながることもある。「それならば外国人に合わせて働きやすい環境をつくればいいのでは」と考

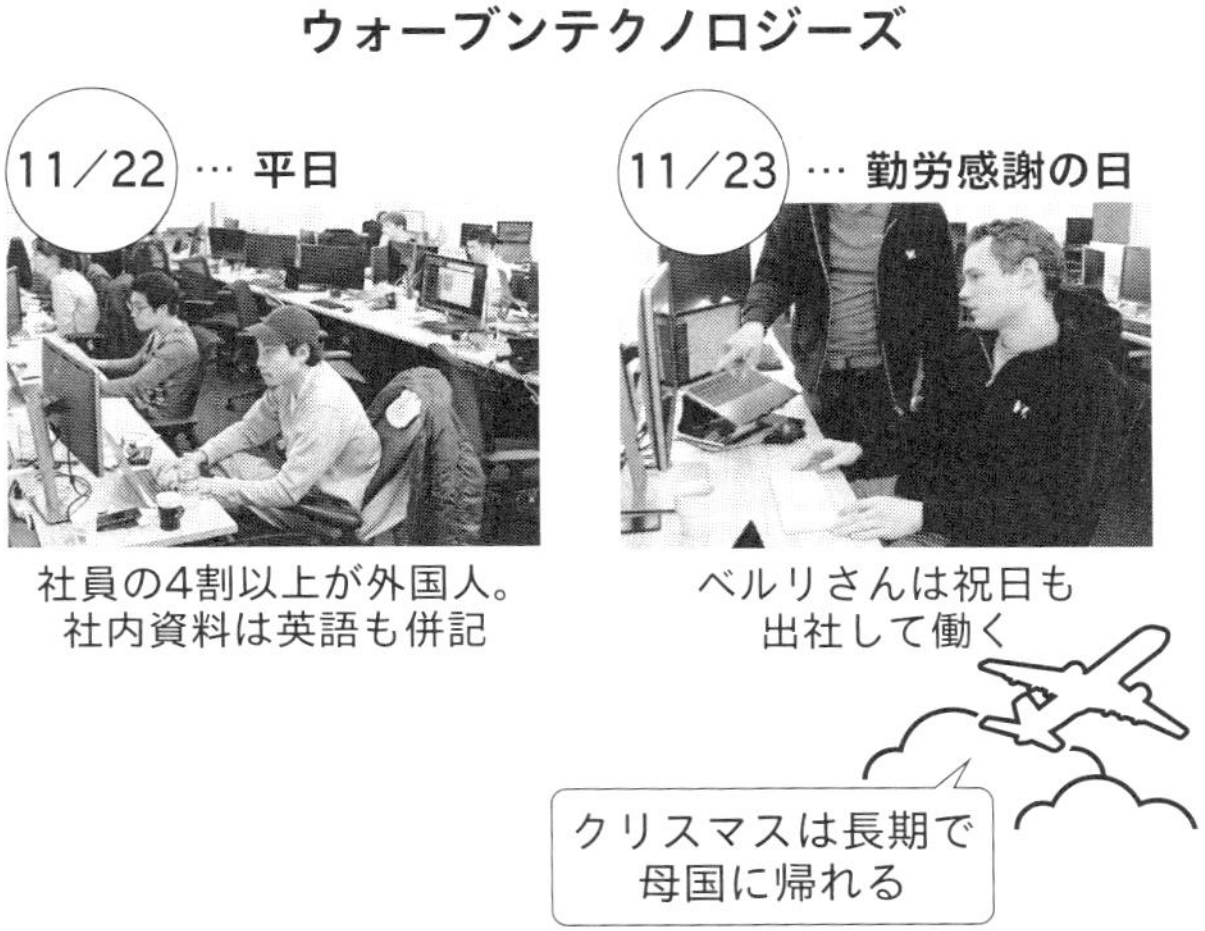
ウォーブンテクノロジーズ
11／22 … 平日
社員の4割以上が外国人。社内資料は英語も併記
11／23 … 勤労感謝の日
ベルリさんは祝日も出社して働く
クリスマスは長期で母国に帰れる

えたのが多言語翻訳サービスを手掛けるウォーブンテクノロジーズだ。

11月23日、勤労感謝の日に東京都港区にあるウォーブンテクノロジーズの本社を訪ねた。祝日とあって入居するオフィスビルは閑散としていたが、同社ではノルウェー出身のトルケル・ベルリさん（31）らがパソコンに向かって業務をこなしていた。

「今日が何の日かって？　よく知らないよ」。ベルリさんは記者の問いかけに対して、不思議そうな顔をした。

「外国人は勤労感謝の日や体育の日などと言われてもピンと来ない」。最高経営責任者（CEO）の林鷹治さん（33）が笑いながら説明してくれた。

同社は独自の休暇制度を採用している。社員には勤続年数などに関係なく年間28日の有給休暇が付与されるが、祝日に休むと有休を消化したことになる。逆に祝日に出勤していれば、残った有休を使って長期間休むことも可能だ。

クリスマスには帰国

ベルリさんも祝日に出勤した分、年末には3週間のクリスマス休暇を取る。「勤労感謝の日はよくわからないけどクリスマスは大事。母国に帰って家族と過ごしたい」

ウォーブンテクノロジーズは林さんと米国出身のジェフリー・サンドフォードCTO（最高技術責任者）が共同で2014年に設立した。ウェブサイトを約40カ国語に短時間で翻訳するシステムを提供。エイチ・アイ・エスや東京急行電鉄など1万以上の事業者が利用しており、業績は好調だ。

当初から国籍を問わずに社員を採用しており、現在は約80人の4割以上が外国人だ。出身も14カ国・地域に及ぶ。それでも当初は一般的な日本企業と同じ休暇制度を採用していた。しかし、長期休暇が当たり前の環境で育った外国人社員からは短すぎてクリスマスなどに母国に帰れないといった不満が出た。

不満を解消しようと長期休暇を認めたが、今度は「外国人だけが長期休暇を取り、日本人との間に偏りが生じてしまった」（林さん）。そこで考えたのが現在の制度だ。そもそも日本独特の祝日に思い入れがある外国人はほとんどおらず、すぐに受け入れられた。

採用面でも効果

スイス出身のマサコ・ワゲナーさん（29）は18年の夏は2週間休み、友人とカナダ旅行を楽しんだ。以前に勤めていた日本企業には、お盆休暇などがあったが「飛行機代が高すぎて手が出なかった」。なかなか海外旅行に行けないのが不満だったという。

林さんが目指すのは「国籍に関係なく、どんな人でも働きやすい会社」。休日だけ

外国人材に合わせる3カ条

1. 自分のペースで休みやすい仕組み
2. 英語と日本語の2カ国語対応
3. 外国人材の宗教面にも配慮

でなく様々な独自の試みを続けている。例えば、社内資料やプレゼン資料などはすべて日本語版と英語版を用意する。プレゼンの発表者が日本人の場合は、日本語の説明の後に翻訳チームの従業員が改めて英語で話すこともある。

時間もかかり面倒な作業だが、英語が苦手な日本人や日本語が苦手な外国人など、誰もが不自由なく働くためには必要だと考える。同社の採用条件には日本語や英語など特定の言語能力は入っていない。「優秀であればTOEICの点数が低くても大丈夫」(林さん)

仕事の進め方でも考え方の違いを乗り越えようと工夫する。説明してくれたのは創業時から働く台湾出身のゴ・ショージさん(34)だ。

例えば取引先から2週間で新しいシステムを作ってほしいと依頼されたとする。「日本人は徹夜してでも2週間で完成させるが、外国人はそこまでしない人が多い。就労時間内で最善を尽くせばいいと考える」。同社では外国人社員の負担と取引先への迷惑をできるだけ抑えるため、余裕を持った期限を設定するようにしている。

外国人と日本人に垣根を設けない同社の試みは採用面でも有効という。林さんは「旅行や漫画、アニメなどを通じて日本を知り、住んでみたいと思っても働くことに不安を感じる外国人は少なくない」と指摘する。ＩＴ（情報技術）関連の技術者などの人手不足は深刻だが、海外でも積極的に採用活動を展開する同社では「必要な人材は十分に採用できている」。

過剰な気遣いはしない

訪日外国人の増加などで日本でも徐々に浸透する宗教への配慮。なかでも訪日客が増えるイスラム教徒（ムスリム）に対しては、同教の戒律に沿ったハラル認証の取得

ムスリムのアリヤさんは就業時間中に
2回、社内の礼拝室でお祈りをする

などが広がる。多国籍化が進む働く現場でも、宗教への配慮は無視できない。

東京・新宿駅に近い高層ビルの36階。通常のオフィスが並ぶフロアに「Prayer room」と書かれたドアがあった。KNT－CTホールディングス傘下の訪日客専門の旅行会社、KNT－CTグローバルトラベルのオフィスの一部に設けられたイスラム教徒のための礼拝室だ。

マレーシア出身でイスラム教徒のノル・アリヤ・ビンティ・シュコールさん（26、通称アリヤさん）が毎日、利用している。アリヤさんは「人目につかないところでお祈りができるので助かっている」と笑顔だ。

アリヤさんは日本のポップカルチャーに憧れて山

梨大学に留学。卒業後も日本で働きたいという気持ちがあったが、「ムスリムというと、採用で不利に働くのではないかと不安だった」。

採用面接でも礼拝の問題にはあえて触れず、「入社したら、トイレや倉庫でお祈りしようと思っていた」という。

今は会社側の配慮に感謝しているというアリヤさんだが、宗教や文化の違いに苦労しているのではないかと尋ねてみた。すると、「それはないです」と強い言葉が返ってきた。「礼拝も休憩時間などに行っているので、お祈りしていること自体を知らない人もいるのでは」と話す。

体力が落ちる断食月（ラマダン）の際も、時期は直属の上司にしか伝えていない。同僚と一緒の食事も「ラーメンは無理だが、野菜のメニューがある店に行けば大丈夫」。周囲が特別扱いをせず、過剰に気遣いをされない方が楽に仕事ができるという。

アリヤさんが所属する訪日団体事業部には約40人の外国人社員がいる。山本茂部長も「社員同士のコミュニケーションさえ取れていれば、特別扱いする必要はない」と話す。

礼拝室の設置など環境整備は必要だが、それ以上の過剰な気遣いは逆効果にもなりうる。「社内で私が外国人と感じたことはない」。アリヤさんの言葉には、外国人材と共に成長していくカギがあるように感じた。

4 LISUTO／テーブルチェック

トップも同僚も外国人
成果主義や率直な議論

日本企業だが経営トップは外国人。社員も日本人より外国人の方が多い――。経済のグローバル化や人材の多様化が進む先には、これまでに無かった日本企業の姿も見えてくる。そこでは日本的な「あうんの呼吸」や「上意下達」は通じない。未来のことのようにも思えるが、実際にそんな企業が都内にあると聞いて訪ねてみた。

自らが少数派となることで学ぶことも多い

LISUTO

日本から海外のEC市場に出品できるシステム「LISUTO！」を開発・運営。
イスラエルにも開発拠点をもつ

矢頭さん（29）が学んだこと

- 上下関係にとらわれずに意見を述べる
- 仕事以外の場面でも交流し異文化を理解すると、仕事がスムーズに
- 率直に言い合うことでお互いの改善点を把握

テーブルチェック

飲食店向け予約・顧客管理台帳システム「テーブルソリューション」、
予約アプリ「テーブルチェック」を開発・運営

林さん（41）が学んだこと

- 業務範囲の線引き意識が強く、お互いの持ち場を確認すべき
- 仕事の進捗や優先度をこまめに共有する
- 論理的に主張する外国人も納得する解決策を見つける

ＩＴ（情報技術）関連スタートアップ企業、ＬＩＳＵＴＯの東京・赤坂の本社オフィス。30人弱の社員が働くなかで日本人は６人だけ。15カ国以上から〝精鋭〟を集めたグローバル企業だ。

同社は幼少期を日本で過ごしたというイスラエル人のニール・プラテック社長（52）が２０１６年に設立した。越境ＥＣ（電子商取引）の支援システムを日本の小売業などに売り込む。特に、日本語の製品情報を人工知能（ＡＩ）を活用して自動翻訳する技術などに強みを持つ。

戸惑いを克服し、成長

「少数派」である日本人社員の一人、矢頭潤一さん（29）は、海外留学の支援会社などで働いてきた。起業を目指したこともあったが、ＥＣに興味を持ち、ＬＩＳＵＴＯに転職。今は日本の小売店に自社サービスを売り込むほか、営業マネージャーとして後輩たちの指導にもあたる。

「立場の上下に関係なく社員同士がはっきりものを言い合う雰囲気が自分にぴったりだった」。LISUTOに転職して感じたことだ。これまで勤めた複数の企業では、会社の方針や上司からの指示に意見することができず、上意下達が徹底していたという。

一方で戸惑いも少なくなかった。「ここでは業務のゴールだけが与えられる。どうやって達成するかは自分で考えなければならない」。さらに、「外国人社員はストレートに言葉で表現し、理解できないということもはっきりと言う」。これまでとの大きな違いを感じた。

ただ、実はこれらに慣れて克服することが自分を成長させ、新しい職場になじむ最良の方法であることもわかった。仕事でわからないことがあったり、行き詰まったりしても、相談すればいろいろな意見を聞ける。「なんでも言い合う雰囲気が自分を助けてくれた」と矢頭さんは振り返る。

プラテック社長も「イスラエルでは立場の上下に関係なく直球で意見を言い合う」と話す。上司は一番良い意見を聞きたいと考えているからだ。これに対して日本人は

「気遣いから発言せずに済ますことが多い」と感じる。

日本ではまだ珍しい社員構成の同社だが、その独特の雰囲気は日本人社員の働き方も変えようとしている。矢頭さんは「とにかくみんなが意見を言い合っているので、自然と日本人にもその姿勢が身につく」と話す。後輩の日本人社員には「言葉でしっかりと表現しよう」と指導している。

成果主義を貫く

「多種多様なうえ、しっかりと主張する人材の評価は難しいのではありませんか」。プラテックさんに尋ねると、「人によって考え方や仕事の進め方が違うのは当然。徹底して成果主義にこだわっています」という答えが返ってきた。

社員一人ひとりと面談しながら目標を決め、その達成度で評価する。プロセスには違いが出やすいが、結果だけを純粋に見るという。

矢頭さんも「仕事の範囲が明確なので余計な仕事をしなくてすむ。個人やチームの

外国人中心の職場で働く3カ条

❶ 意見ははっきりと言葉で表現

❷ それぞれの業務範囲を明確に

❸ 成果主義で文化の差を超える

責任を果たすことに集中でき、仕事の能率が高まる」と話す。

グローバル化やダイバーシティーが進むなか、年功序列が中心で上意下達になりがちな日本企業のあり方に疑問を持つ若手社員も増えている。

日本能率協会がまとめた18年度の新入社員意識調査によると、働きたい職場として「個人が評価され、年齢・経験に関係なく処遇される実力・成果主義の職場」を挙げたのは65%で、「競争よりも、ある年代まで平等に処遇される年功主義の職場」の35%を大きく上回った。４年前の調査に比べても実力・成果主義を求める声が８・６ポイント増えている。

22人中、日本人は3人

飲食店の予約管理システムを手がけるテーブルチェック（東京・中央）も、多くの外国人材を抱える。全体の社員数は日本人の方が多いが、システム開発などを担当するITチームは優秀なエンジニア確保のために外国人を積極採用した結果、インターンを含めた22人の社員のうち日本人は3人だけだ。

その一人である林和子さん（仮名、41）はチームのプロジェクトマネージャー。1年前に入社し、少しずつ外国人と一緒に働くことに慣れてきたという。

「これは君の仕事の範囲ではなく、私の仕事でしょう」。入社したばかりの頃、自分の担当する仕事に林さんが手をつけたとして外国人社員から文句を言われた。「手伝うつもりで良かれと思ってやったのだけど」。複雑な思いだった。

「前の会社は外資系だったが社員のほとんどは日本人。各自の業務範囲の線引きも曖昧だった。外国人社員は自分の担当範囲をきっちりと線引きして決めたがる」。逆に自分の仕事ではないと判断したら手を出さない傾向もあり、手探りで線引きの感覚をつかんでいった。

「あうんの呼吸」通じず

林さんは「仕事の進め方でも極力こまめに業務の優先度を共有することを心がけている」と話す。具体的に言わずとも「あうんの呼吸」で間合いを計る日本人同士とは異なり、外国人とは業務範囲を言葉にしながら理解し合う必要があるようだ。

一口に外国人と言っても、同社には欧米からアジアまで10カ国以上の出身者がいる。生まれ育った国と日本では気候も全く異なる。エアコンの設定温度を26度にしていたところマレーシア人の社員は寒いと訴えてきた。

一方、オランダ人の社員は「16度でないとベストな働きができない」と主張。ライフサイエンスに関する論文を持ち出してまで空調温度を下げるよう求めてきた。

林さんは「日本と違って海外ではロジカルに自らの主張を通そうとする」と話す。オランダ人社員と調整を進めることで、最終的には扇風機2台を使うという「解決策」

にたどり着いた。

同社は社内全体の会議では英語を使い、ＩＴチームは「公用語」が英語だ。顧客への営業や支援は別の部署が手がけるため、業務では日本語はほぼ必要ない。ただ、日本で生活する上では日本語での対応が欠かせない場面も出てくる。

それだけに、18年秋からは日本人と外国人のそれぞれの語学力向上に向けて、日本人社員が英語、外国人社員が日本語で会話するイベントや昼食会を始めた。

谷口優社長は「外国人エンジニアは日本語が話せなくても仕事はできるが、ほとんどの人が自主的に学んでいる。日本人社員も英語が使えれば仕事の幅が広がる」と強調。海外人材と日本人社員がお互いに高め合う相乗効果に期待している。

5 【外国人材座談会】ココが変だよ　日本のカイシャ

何でも年次が左右　会議いつ終わるの？

グローバル化やダイバーシティーの重要性を認識する日本企業が増えるなか、そこで働く外国人材は現状をどう見て、どう感じているのだろうか。率直に語ってもらった。

勤務時間が長すぎる

――日本で働いて驚いたことや困ったことはありましたか。

ジェイコブさん　「勤務時間が長いですね。始業は午前9時なのに、30分前には会社に来るように言われていたこともありました。入社後のキャリアパスが示されずに不安になったことも覚えています。今は会社が働き方改革に力を入れており、新たに入社する外国人社員はキャリアパスの説明を受けています」

ジョシュアさん（仮名）　「勤務時間が長いというのは同感です。17年まで勤めていたイスラエルのスタートアップでは、遅くても午後6時にはみんな帰っていました。金曜日には午後3時に帰る社員も珍しくありませんでした」

「会議の参加者がそろって静かなことも不思議です。海外では出席者が競うように意見を述べます。今の会社は特に日本的なので、朝礼があり皆一緒にラジオ体操もやります。個人的には楽しんでいますが、他の仕事の時間に充ててもいいかなと思います」

――日本企業の人事評価制度に不満を持つ外国人材も多いようです。

ジェイコブ さん（ポーランド出身、33）

米国の大学で授業を受けた日本語をさらに学ぶために来日。教育関連事業のやる気スイッチグループで外国人教師の管理を担当する。2人の娘の子育て中

サミュエル さん（フランス、31）

フランスの大学で社会心理学を学び、日本の社会問題に関心を抱く。3年前に来日し、社会課題を解決するスタートアップ企業に18年4月に入社。17年末に娘が生まれたばかり

タン さん（シンガポール、28）

シンガポールの高校を卒業後、東京の難関国立大に進学。新卒で入社した財閥系大手商社でリース事業を経験した後に外資系コンサル大手に転職

ジョシュア さん（米国、25）

米西海岸の有名大で東南アジアを研究。卒業後にイスラエルのスタートアップ企業でインターンを経験。現地で出会った日本人との縁で18年4月から都内の大手印刷会社に就職し、海外向けの戦略投資に携わる

朱 さん（中国、25）

中国の有名大を卒業後、3年前に日本の大手食品メーカーに入社。人事部門を経験し、今年から希望していた経営企画関連の部署に異動

タンさん（仮名）「私が最初に就職した大手商社に限らず、やはり終身雇用が大きな問題だと思います。大事なのは社歴であり、昇進や飲み会の席次など何から何まで年次主義になりがちでした」

「今働いている外資系コンサルタント会社も在籍期間によってスキルを判断しています。しかし、リーダーシップに必要な要素を明確に定義し、個人のスキルの習熟度や目指すキャリアを頻繁に上司と話し合える環境があります。評価の基準が明確で、目標設定やPDCAサイクルの見直しがより頻繁で細かい印象です」

朱さん（仮名）「私の会社でも年次に縛られたルールが多いです。社員向けの研修プログラムに立候補したかったのですが、年次が条件に満たないからという理由で応募できなかった経験があります」

「新入社員だからという理由で、飲み会でお酒を注ぐのを求められることもありました。『こんなことをするために日本に来たのではない』という憤りを感じましたが、外国人女性の先輩社員から『これで減点されるのはもったいない。むしろ外国人でもできるのだということでポイントになる』と言われ、考えが変わりました」

英語を話せる人が少ない

——仕事の進め方などで改善してほしいことはありますか。

サミュエルさん（仮名）「日本人社員も同じですが、入社当初は毎夜、その日の業務内容と明日やりたいことについての日報の提出を求められました。それなのにフィードバックしてもらえず、今の仕事のやり方のままでいいのか不安になりました。面倒になり、3カ月たってからは日報をつけませんでした」

ジョシュアさん「私の会社は欧米市場での販売拡大を目指していますが、英語を話せる人があまりにも少ないと思います。日常の仕事は基本的に日本語なので、すべて翻訳しながら理解しているので大変です」

サミュエルさん「うちも英語を使いこなせる人がほとんどいません。少し話せる人でも、入社後はあまり英語を勉強しなくなる雰囲気があります。外国人社員にとっては、会議で日本語を聞き取ることはできても、そのスピードに合わせて言いたいことを伝えるのは難しいですね」

タンさん　「勤務していた大手商社の会議では若手は発言できませんでした。進め方も効率的とはいえず、パワーポイントやワードで資料を作っても、プロジェクターを使うのではなく紙に印刷して配っていました。内容を直すときも上長にお願いして直してもらう感じでした」

朱さん　「日本は時間に厳しい印象ですが、会議の終わりの時間はルーズです。だらだら進みがちですね。ただ、上司からは『発言しないとこの場にいる意味がない。失敗しても大丈夫』と言われています。私が発言することで後輩の外国人社員が積極的に発言するチャンスにつながると思っています」

ジェイコブさん　「私は管理職の立場ですが、必要ではない会議が多いのは日本だけではなく万国共通の問題だと思います。やはり、いい会議のためには必要な目的や決める目標、参加者を絞らないといけません。議題も明確に作らないと意見も出にくい。オンライン会議などの活用で会議の生産性や効率を上げようと努めています」

家族主義は魅力　成長の道示して

――日本企業ならではの良さもあるのではないでしょうか。

ジェイコブさん　「日本の正社員システムは社員が大事という姿勢が伝わり、会社が家族のようになれるという点で良いと思います。外国人社員も同様に扱えるように、社内のコミュニケーションを英語でとれるように少しずつ制度を変えています」

ジョシュアさん　「私の会社も伝統的で家族のような雰囲気が強いです。新入社員の面倒を見るメンターは『ブラザー』や『シスター』と呼ばれています。海外では細かく仕事の面倒を見てくれるこのような存在はありません」

「社内でLINEのグループがあり、飲み会やプライベートの集まりに活用されています。私はランニングが趣味の人が集まるグループに入っています。まだ実際に参加はしていませんが、一緒に走って交流できるのを楽しみにしています」

朱さん　「社員同士が協力し合い、チームワークを重視する雰囲気は日本ならではだと思います。実際に私の上司からは『部下を育てよう』『若手に活躍する経験を積ませよう』という意識が伝わってきます」

――日本企業が外国人材と共に成長するためのアドバイスを。

ジェイコブさん　「外国人はワークライフバランスやキャリアパスを大事にします。日本企業はもっとその部分をケアし、コミュニケーションを手厚くすべきです。一人の個人として向き合い、大切に扱う姿勢が必要です」

タンさん　「総合職で職務がいつ変わるかわからないままではダメです。外国人は一定の期間内にいかにスキルを身に付けられるかを重視します。このままでは日本企業に勤めてもスキルアップにつながるとは想像しにくく、どこかで離職してしまいます」

「一定の期間に得られるスキルやキャリアを考えると、香港やシンガポールの企業に流れる外国人も多いと思います。外国人が定着するには、ある程度はグローバルスタンダードに近づける必要があるでしょう」

サミュエルさん　「社内で英語が通じることと、業務内容の希望が直結する環境が欠かせません。外国人は『この仕事がやりたいからこの会社にきた』という思いが強いものです。日本ではどうしてもその希望が通りにくいと思います」

ジョシュアさん　「事業のグローバル化を目指すなら社内の英語対応やグローバル志向を充実させる必要があります。日本人は外国人と働く経験が少なく内向きになりがちですが、文化や態度もグローバルに合わせていくべきです」

朱さん　「外国人は日本で何をなし遂げたいのか、何のために日本で働くかを突き詰めて考えたうえで、日本に残ります。価値観を共有し、人生相談などにものってくれる外国人社員のモデルを示した方がいいです。単にダイバーシティーのためだけでなく、人事や上司から『なぜ会社があなたという個人を必要としているのか』をきちんと説明すべきですね」

本書は、２０１８年６月から11月にかけて日経産業新聞に掲載した
「働き方探検隊」をまとめたものです。

日経ビジネス人文庫

あの会社《かいしゃ》のスゴい働《はたら》き方

2019年2月1日 第1刷発行

編者
日経産業新聞
にっけいさんぎょうしんぶん

発行者
金子 豊

発行所
日本経済新聞出版社
東京都千代田区大手町1-3-7 〒100-8066
電話(03)3270-0251(代) https://www.nikkeibook.com/

ブックデザイン
鈴木成一デザイン室

本文DTP
マーリンクレイン

印刷・製本
凸版印刷

本書の無断複写複製(コピー)は、特定の場合を除き、
著作者・出版社の権利侵害になります。
定価はカバーに表示してあります。落丁本・乱丁本はお取り替えいたします。
©Nikkei Inc., 2019
Printed in Japan ISBN978-4-532-19886-2

nb 好評既刊

稲盛和夫の実学
経営と会計

稲盛和夫

バブル経済に踊らされ、不良資産の山を築いた経営者は何をしていたのか。ゼロから経営の原理を学んだ著者の話題のベストセラー。

稲盛和夫の経営塾
Q&A 高収益企業のつくり方

稲盛和夫

なぜ日本企業の収益率は低いのか？ 生産性を10倍にし、利益率20％を達成する経営手法とは？ 日本の強みを活かす実践経営学。

アメーバ経営

稲盛和夫

組織を小集団に分け、独立採算にすることで、全員参加経営を実現する。常識を覆す独創的・経営管理の発想と仕組みを初めて明かす。

経営参謀

稲田将人

戦略は「魔法の道具」ではない！ 数多くの企業再生に携わってきた元マッキンゼーの改革請負人が贈る「戦略参謀シリーズ」第2弾。

戦略参謀

稲田将人

なぜ事業不振から抜け出せないのか、PDCAを回すには——。数々の経営改革に携わってきた著者による超リアルな企業改革ノベル。

nbb 好評既刊

ＢＣＧ流 経営者はこう育てる

菅野 寛

「いかに優秀な経営者になり、後進を育てるか」。稲盛和夫や柳井正などとの議論をもとに、「経営者としてのスキルセット」を提唱する。

経営の失敗学

菅野 寛

経営に必勝法はないが、失敗は回避できる。負けないための戦略、成功確率を上げる方法とは――ＢＣＧ出身の経営学者による経営指南書。

リンゴが教えてくれたこと

木村秋則

私はリンゴが喜ぶようお世話するだけ――無農薬・無肥料という驚異の栽培法で「奇跡のリンゴ」を生み出した著者が独自の自然観を語る。

ＢＣＧの特訓

木村亮示
木山 聡

「成長し続ける」人材になるために必要なことは何か。多様な人材を超高速で戦力にまで磨き上げる外資系コンサルファームの特訓法を紹介。

30の都市からよむ日本史

金田章裕＝監修
造事務所＝編著

仙台が「杜の都」になった理由、紙幣も発行していた今井、京と並ぶ文化都市だった山口――。30の街の歴史でたどる面白日本史。

nbb 好評既刊

ビジネススクールで身につける問題発見力と解決力
小林裕亨・永禮弘之
多くの企業で課題達成プロジェクトを支援するコンサルタントが明かす「組織を動かし成果を出す」ための視点と世界標準の手法。

「すぐやる人」になる1分片づけ術
小松 易
「後で片づけよう」は先延ばし癖の表れ。すぐ片づける習慣で決断力は上がり、仕事もすぐ始められる。効果絶大の「1分片づけ」の極意。

「一流」の仕事
小宮一慶
「一人前」にとどまらず「一流」を目指すために、仕事への向き合い方やすぐにできる改善、スキルアップ法を、人気コンサルタントがアドバイス。

「3人で5人分」の成果を上げる仕事術
小室淑恵
残業でなんとかしない、働けるチームをつくる、無駄な仕事を捨てる……。限られた人数と時間で結果を出す、驚きの仕事術を大公開！

FOCUS 集中力
ダニエル・ゴールマン
土屋京子＝訳
「集中力」こそが成功に欠かせない能力だ――。世界的ベストセラー『EQ』著者が、私たちの人生を左右する力の謎としくみを解き明かす。

nbb 好評既刊

35歳からの勉強法

齋藤 孝

勉強は人生最大の娯楽だ！　音楽・美術・文学など興味ある分野から楽しく教養を学び、仕事も人生も豊かにしよう。齋藤流・学問のススメ。

人はチームで磨かれる

齋藤 孝

皆が当事者意識を持ち、創造性を発揮し、助け合うチームはいかにしてできるのか。その実践法を、日本人特有の気質も踏まえながら解説。

すぐれたリーダーに学ぶ言葉の力

齋藤 孝

傑出したリーダーの言葉には力がある。世界観と哲学、情熱と胆力、覚悟と柔軟さ――。賢人たちの名言からリーダーシップの本質に迫る。

ユニクロ対ZARA

齊藤孝浩

商品開発から売り場構成、価格戦略まで巨大アパレル2社の強さの秘密を徹底解剖。両ブランドの革新性に焦点を当て、業界の未来を考察。

戦略プロフェッショナル

三枝 匡

日本企業に欠けているのは戦略を実戦展開できる指導者だ。市場シェアの大逆転を起こした36歳の変革リーダーの実話から描く改革プロセス。

nbb 好評既刊

ナイスショットはいつでも打てる！

佐久間馨

ボールを自在にコントロールし、飛距離を伸ばすためのSスイングとは？　自宅や通勤途中で手軽にできる最速上達理論を公開！

パープレーが当たり前！

佐久間馨

パーを基準に一進一退のゲームを楽しむのがゴルフの面白さ。「可能性の領域」を飛び超え、100％の実力を発揮するための特別レッスン。

みんなの経営学　使える実戦教養講座

佐々木圭吾

ドラッカーの「マネジメントは教養である」という言葉を紐解き、金儲けの学問と思われがちな経営学の根本的な概念を明快に解説する。

佐藤可士和の超整理術

佐藤可士和

各界から注目され続けるクリエイターが、アイデアの源を公開。現状を打開して、答えを見つけるための整理法、教えます！

佐藤可士和のクリエイティブシンキング

佐藤可士和

クリエイティブシンキングは、創造的な考え方で問題を解決する重要なスキル。トップクリエイターが実践する思考法を初公開します。

好評既刊

人生100年時代のらくちん投資

渋澤 健・中野晴啓・藤野英人

少額でコツコツ、ゆったり、争わない、ハラハラしない。でも、しっかり資産形成できる草食投資とは？ 独立系投信の三傑が指南！

渋沢栄一 100の金言

渋澤 健

「誰にも得意技や能力がある」「目前の成敗は人生の泡にすぎない」――日本資本主義の父が遺した、豊かな人生を送るためのメッセージ。

渋沢栄一 100の訓言

渋澤 健

企業500社を興した実業家・渋沢栄一。ドラッカーも影響された「日本資本主義の父」が残した黄金の知恵がいま鮮やかに蘇る。

リーダーは最後に食べなさい！

サイモン・シネック
栗木さつき＝訳

TEDで視聴回数3位、全世界で3700万回以上再生された人気著者が、部下から信頼されるリーダーになるための極意を伝授。

How Google Works

エリック・シュミット
ジョナサン・ローゼンバーグ
ラリー・ペイジ＝序文

すべてが加速化しているいま、企業が成功するためには考え方を全部変える必要がある。グーグル会長が、新時代のビジネス成功術を伝授。